MANUALE DI PADEL PER PRINCIPIANTI

Lo Sport del momento spiegato in modo approfondito.
Regole, Consigli, Trucchi ed Esercizi Pratici per
DIVENTARE UN CAMPIONE IN 4 SETTIMANE.

Include taccuino per segnare progressi e vittorie

Julio Garcia Lopez

Sommario

Introduzione al gioco del Padel

Quando pensiamo allo sport in Italia, qual è il primo della lista? Sicuramente il calcio, la pallavolo, il tennis e anche il basket. Un parterre, quello italiano, che non smette di sorprendere dal punto di vista agonistico, complici i numerosi successi nei migliori tornei mondiali e alle Olimpiadi. I ragazzi prendono come spunto i campioni: quanti ragazzi hanno iniziato a praticare calcio per emulare Totti? E quanti hanno preso la racchetta in mano guardando i successi di Berrettini?

I successi sportivi sono dettati non solo dal volere dei genitori, che hanno praticato gli stessi sport in tenera età, ma anche da quanto di questi sport i giovani e gli adulti percepiscono dai mass media.

Oggi in Italia però si sta diffondendo uno sport davvero a macchia d'olio. Sto parlando del Padel, per molti ritenuto una versione più facile del tennis, complice la non conoscenza delle regole e la storia di questa disciplina. Per noi italiani infatti, sembra esser nato nel post pandemia, quando i numerosi centri sportivi hanno iniziato a costruire un numero sempre maggiore di campi e strutture per praticare questo sport.

In realtà il Padel ha origini lontane, ed è praticato in quasi tutto il mondo da diversi anni.

Uno sport ideale per divertirsi, trascorrere qualche ora in compagnia ma anche allenarsi e mantenersi in forma. Il Padel è uno sport davvero completo, fatto di tattiche, strategie di gioco, sinergia con il proprio compagno. Ma il Padel è anche uno sport in grado di stimolare la corteccia prefrontale, la parte del cervello che gestisce tutte le nostre emozioni; uno sport di forza a soprattutto di precisione, perché tirare la pallina troppo forte e in maniera imprecisa può costare la partita.

Oggi questo sport viene praticato anche dai giovanissimi: non è un mistero che il Padel sia lo sport perfetto per creare legami e sinergie. Il tuo compagno di squadra sarà il tuo migliore amico, un complice, un braccio destro, la persona con cui scambiare e cercare di vincere la partita. Quindi tecnica e alchimia, precisione ed emotività fanno di questo sport un modo per stringere amicizie e legami, fuori e dentro il campo.

La coppia perfetta nel Padel non esiste, o meglio, non sarà facile trovare il compagno di squadra ideale al primo colpo. Ci sono diversi fattori da considerare per fare in modo che il proprio partner non abbandoni il campo dopo una sconfitta.

Creare una squadra vincente significa riuscire a sfruttare al massimo la potenzialità di ogni atleta, sia in campo amatoriale e soprattutto in quello professionale. Se il nostro compagno di squadra è mancino, dovrà giocare sempre a destra e magari noi non saremo in grado di coprire la fascia sinistra: questo significherà giocare in una posizione per noi scomoda e complessa per la partita.

In questo sport di squadra la comunicazione è fondamentale: verbale e non, fatta di linguaggi del corpo, occhiate fugaci, segnali che solo il compagno di squadra perfetto potrà decifrare. Con il proprio compagno di squadra è fondamentale essere in sincronia, come due rotelle di un ingranaggio perfetto, senza mai bisogno di aggiungere olio (o quasi). All'inizio potrebbe non essere facile, soprattutto se si proviene da sport individuali. Ma con allenamento e un gran numero di partite alle spalle, la coppia potrà essere solida e in grado di battere anche i migliori. Perché essere forti non sempre basta: bisogna essere intelligenti e sfruttare il momento. Obiettivo comune sarà vincere, ma anche divertirsi, migliorare, allenarsi e a livello agonistico portarsi a casa un bel punteggio e un titolo. Ma non mancheranno i momenti di sconforto, le sconfitte, le incomprensioni. La coppia potrà essere messa a dura prova, soprattutto se durante un torneo si cede il passo alla tensione sbagliando anche i colpi più semplici. Gestire sconfitte e vittorie, analizzare gli errori, capire dove la coppia o il singolo ha sbagliato: perché nel Padel non si è mai soli, gli errori si fanno nel 99% dei casi in due.

Uno sport completo il Padel, che affascina e continua ad appassionare grandi e piccoli, sportivi e non, facile, divertente e intelligente. Un modo nuovo, per noi, per stimolare la nostra mente e allenare il nostro corpo.

In questo libro cercheremo di scoprire cos'è il Padel, troveremo tutte le sue specifiche tecniche, analizzeremo e studieremo i colpi, il regolamento e vedremo anche i migliori colpi e le tecniche per gli atleti di qualsiasi livello di gioco.

Capitolo 1

Storia del Padel

1969. Messico, Acapulco. Enrique Corcuera, cittadino dell'alta società, volle costruire un campo da tennis nella sua tenuta. Gli spazi non erano sufficienti e decise di utilizzare anche i muri come parte integrante del campo. Il Padel nasce così: un progetto, un'idea, un regolamento e un nuovo gioco. In America Latina questo sport ebbe un successo incredibile, seguito da Spagna, Portogallo e Svezia.

Il Padel, chiamato anche Paddle Tennis, è simile a quest'ultimo e può essere giocato in due squadre composte da due giocatori in un campo chiuso ai lati o anche solo delimitato. È nato per caso e al suo successo amatoriale è seguito uno sviluppo agonistico portando alla nascita di federazioni, tornei internazionali e veri e propri campioni. Adatto a tutti, grandi e piccoli, donne e uomini, oggi è uno tra gli sport maggiormente richiesti per la sua facilità, per il divertimento che ne consegue e per la possibilità di allenarsi e al tempo stesso divertirsi in campo.

Negli anni 80 il Padel superò i confini americani, raggiungendo prima l'Argentina e poi tutti i paesi del mondo. In Europa il primo campo ha natali Spagnoli: un principe, desideroso di emulare Corcuera, fece costruire un campo simile nel terreno del suo lussuoso hotel. Così ospiti e amici iniziarono a conoscere e praticare questo nuovo sport che divenne ben presto assai famoso in tutta la Penisola Iberica.

Uno dei motivi sicuramente più interessanti per quanto riguarda l'avvicinamento a questo sport, trova origine nella struttura dei campi. L'ideatore del Padel costruì il suo personalissimo campo utilizzando i mattoni. Immaginiamo un campo completamente chiuso: impossibile assistere da spettatori. La tecnologia e la modernità dei materiali ha permesso al Padel di evolversi: le pareti in mattone sono state sostituite dalle più note pareti in plexiglass. Così il gioco da un lato diventava più sicuro per gli atleti e dall'altro permetteva agli spettatori di godere a tutto tondo della visuale di gioco.

In Italia dobbiamo aspettare alcuni anni. È il 1991 l'anno di nascita della F.I.G.P, la Federazione Italiana Gioco Padel, nata da alcuni giocatori decisi a diffondere questo sport in tutta la penisola. A loro si associarono anche le Associazioni Sportive di Bologna e si decise così che la neonata federazione avrebbe utilizzato i regolamenti del C.O.N.I., ossia del Comitato Olimpico Nazionale Italiano che tutti gli sportivi appassionati ben conoscono.

Il primo campo fu costruito nel 1991 in provincia di Vicenza, precisamente nella città di Costabissara. Dal 2013 in poi troviamo campi nel Lazio, a Milano, Napoli, Torino, Palermo, Firenze e Bari. Sempre nel 1991, in occasione dello Sport Show alla Fiera di Bologna, fu realizzato un campo che ospitò alcune partite con squadre provenienti dalla Spagna, dall'Argentina e ovviamente anche dall'Italia. Le partite segnarono non solo il debutto dello sport, ma un vero e proprio battesimo: segnale che il Padel era ufficialmente arrivato sul suolo Italiano, pronto a diventare uno tra gli sport più praticati.

Negli anni successivi furono organizzati due tornei ufficiali che videro la partecipazione della prima coppia italiana ai Campionati Assoluti di Spagna, svolti a Barcellona. Il primo vero campione italiano fu Gianluca Baldi, tesserato con l'Associazione Sportiva Bologna Paddle e il primo titolo italiano, ossia il Campionato Italiano di Club, fu vinto dall'A.S. Bologna Paddle. Nel 1982 l'Italia partecipò anche ai Mondiali di Spagna, aggiudicandosi l'ottavo posto.

Ma è stato nel 2020 che il Padel ha avuto la più grande crescita mai vista prima sul nostro territorio, come ben possiamo notare grazie a questi dati:

- Aprile 2020: 1200 campi di Padel;
- Novembre 2021: 1760 strutture con più di 4430 campi, indoor e outdoor;
- Marzo 2022: 2053 strutture con un totale di oltre 5201 campi.
- E i dati continuano a crescere ogni giorno perché ormai sempre più strutture decidono di convertire i loro spazi alla costruzione di questi campi, senza contare le strutture specializzate unicamente nel gioco.
- Ma proviamo a seguire la cronistoria di questo sport più da vicino, focalizzandoci sulle date più importanti che hanno poi portato al successo:
- 1994: si inaugura il primo campo in cristallo smontabile e trasportabile ovunque all'interno del Circolo Tennis della Riviera Romagnola. L'Italia partecipa alla finale del Mondiale in Argentina, aggiudicandosi il nono posto. Nella competizione europea, l'Italia è sul podio con il secondo posto, primo vinto dalla Spagna.
- 1996: l'Italia partecipa alla Coppa Corcuera ad Acapulco, con una delegazione di atleti maschili e femminili. Comincia anche la Coppa delle Nazioni.

- 1997: prima edizione della European Paddle Tour con 4 tappe ossia Italia (Bologna), Austria (Graz), Belgio (Waterloo) e Francia (Beziers).
- 2001: l'Italia è vice campione d'Europa nel torneo di Sabadell, Spagna, battendo Austria, Belgio e Francia.
- 2008: il Padel ottiene il riconoscimento ufficiale dal C.O.N.I. Ed è inserito così nell'ambito della Federazione Italiana Tennis.

Un torneo particolarmente interessante e divertente è quello che si tiene a Sabaudia la Gillette Padel Vip Cup: coppie amatoriali possono sfidarsi con coppie Vip in un tabellone misto che regala divertimento e la possibilità di giocare contro i propri idoli.

Una storia quella del Padel non lunga ma affascinante: si può davvero capire come questo sport abbia conquistato tante persone in così poco tempo. Oggi possiamo contare più di 12 milioni di giocatori in ben 78 paesi, con 34 Federazioni Nazionali riconosciute dall'International Padel Federation. Un numero che purtroppo ancora non può arrivare ai Giochi Olimpici, ma la strada è ormai spanata.

Non ci resta che aspettare quest'ultimo riconoscimento per riuscire a far arrivare questo sport unico, magico e sensazionale davvero in alto.

Curiosità sul Padel

1. È nato in Messico

Molti non lo sanno, ma il Padel "moderno" è stato usato per la prima volta in Messico. Si tratta di un dato molto interessante, perché si potrebbe pensare che questo sport sia nato in uno dei

Paesi in cui è stato molto popolare per anni, come l'Argentina o la Spagna. Negli anni '70, infatti, Enrique Corcuera decise di recintare il suo campo da fronton (o pelota in basco) con dei muri, in modo che le palline non fuoriuscissero e lui non dovesse cercarle. Nacque così il Padel come lo conosciamo oggi, con un campo circondato da quattro mura.

2. *Si gioca sempre in coppia*

A differenza del tennis, il Padel individuale non esiste: si gioca sempre in coppia. Questo è uno degli aspetti che rende le persone interessate a questo sport. Poiché la socializzazione è obbligatoria in coppia, la socializzazione è naturale, in quanto c'è sempre la necessità di cercare partner. La pagaiata individuale può essere osservata solo su alcuni poligoni. Sono piccoli e possono essere utilizzati dal giocatore per allenarsi con l'istruttore.

3. *Non è mai stato un gioco olimpico*

Un altro fatto interessante è che il Padel non è mai stato classificato come sport olimpico. Per essere considerato uno sport, deve soddisfare alcuni requisiti del Comitato Olimpico Internazionale. Questi requisiti prevedono che questo sport sia praticato in più di 75 Paesi di quattro continenti per la categoria maschile e in 40 Paesi di tre continenti per quella femminile. Il Padel supera già queste cifre: secondo la Federazione Internazionale di Padel, questo sport è praticato in più di 90 Paesi nel mondo. Tuttavia, deve essere formalizzato in tutti questi Paesi, cioè consolidato in tutte le federazioni. Secondo gli esperti, è possibile che il Padel diventi presto uno sport olimpico, ma la data è sconosciuta perché dipende da diversi fattori. Si dice che ci potrebbe essere la possibilità di organizzare i Giochi Olimpici nel 2032.

4. Può essere giocato da persone di tutte le età

Ci sono molti sport o discipline per i quali è richiesto lo status di "atleta", o almeno così sembra. Fortunatamente, questo sport è accessibile a tutti coloro che vogliono praticarlo. Per giocare non è richiesta una grande forma fisica e non è necessaria alcuna esperienza con la racchetta. Pertanto, sui campi da gioco si trovano persone di tutte le età e caratteristiche fisiche.

5. È molto simile al tennis, ma non è la stessa cosa

Se si potesse paragonare il Padel a un altro sport per spiegarlo a una persona che non lo conosce ancora, il tennis sarebbe il più adatto. La somiglianza con questo sport è evidente, entrambi si giocano con le racchette e l'obiettivo è colpire la palla in modo che raggiunga l'altro lato del campo. Tuttavia, esistono differenze molto evidenti che rendono i due sport completamente diversi. La prima grande differenza si nota nell'area di gioco. Il campo da Padel è circondato da quattro mura, mentre il campo da tennis è completamente aperto. Inoltre, i campi differiscono notevolmente in termini di dimensioni: i campi da Padel sono più piccoli di quelli da tennis. Esiste anche una chiara differenza tra gli strumenti utilizzati per colpire la palla. Nel tennis si usano le racchette, mentre nel Padel si usa una racchetta che non è fatta di corde ma di materiali diversi chiamati (dallo spagnolo) pala.

6. Le prime palline da Padel erano di legno

Questo è uno dei fatti più interessanti del Padel. All'inizio, le pagaie erano fatte di legno. Questo li rendeva più duri e pesanti, rendendo la corsa meno piacevole. Anche se va detto che all'epoca questo non era un problema, in quanto i giocatori non conoscevano ancora la differenza nel giocare con un tipo di materiale diverso. In seguito, come ogni cosa nella vita, il Padel ha iniziato a evolversi e le esigenze dei giocatori hanno iniziato a influenzare i cambiamenti. Pertanto, si cominciarono a utilizzare altri materiali come il carbonio, la fibra di vetro e le gomme morbide o le schiume per offrire al giocatore una maggiore protezione contro gli infortuni e consentirgli di giocare in modo più confortevole.

7. *Il cambio delle palline*

Durante i tornei ufficiali è regolamentato anche l'utilizzo e gli eventuali cambi per le palline. Chi organizza il torneo dovrà dire la marca e il modello di palline che si useranno; il numero di palline usate nel campo; se le palline vengono sostituite durante l'incontro.

Infatti le palline possono essere sostituite: dopo un determinato numero dispari di partite. Un set preparatorio conta come due partite e un tie-break come un unico gioco per il cambio di palle; il cambio di palle non può avvenire all'inizio del tie-break: in questo caso, il cambio di palle sarà rimandato all'inizio del secondo tie-break.

Se una pallina viene persa, rotta o si deteriora, l'arbitro ordinerà di sostituirla con un'altra in condizioni simili alle altre ancora in gioco: se questo non è possibile, si provvederà a sostituire tutte le palline in campo.

Per iniziare un punto devono essere disponibili almeno due palline.

Capitolo 2

Attrezzatura

Per giocare a Padel basterà un abbigliamento sportivo, comprese le scarpe, ma gli strumenti davvero indispensabili per giocare a Padel sono due: la racchetta e le palline. La classica racchetta da tennis non è utilizzabile in questo sport e anche le palline sono diverse. In questo capitolo vedremo come sono fatte racchette e palline e quali sono le migliori per ogni giocatore e il suo livello di gioco.

La racchetta

Quella utilizzata per il Padel è una racchetta (alcune volte chiamata anche "pala") a piatto pieno e bucherellato. Si compone di due parti, la testa e il manico.

La testa ha una lunghezza variabile ma sommata alla lunghezza del manico non deve mai superare i 45,5 cm totali. La lunghezza massima è di 26 cm con uno spessore di massimo 3,8 cm.

Il manico è lungo 20 cm, senza considerare lo spazio libero intermedio, larga 5 cm e spessa 5 cm.

Generalmente la lunghezza totale della racchetta, compresa quindi di testa e manico, non dovrà superare i 45,5 cm di lunghezza.

Nelle competizioni ufficiali, durante il controllo delle misure della racchetta, si è soliti consentire una tolleranza nello spessore del 2,5%.

Nella zona centrale della racchetta troviamo la superficie di battuta, su entrambi i lati, che dev'essere piana, liscia o rugosa. Questa zona della racchetta presenta un numero indefinito di buchi circolari, che hanno un diametro che varia dai 9 ai 13 mm ciascuno. All'interno della superficie di battuta può essere presente una zona periferica di circa 4 cm (si misura dal bordo esterno): qui possiamo trovare fori con forma e dimensione differente purché non vadano a modificare il gioco.

Caratteristica unica della racchetta da Padel è la presenza di una corda o un cavo, mai elastico, che unisca la racchetta al posto del giocatore: una necessità al fine di evitare incidenti. La corda è quindi obbligatoria è ha una lunghezza massima di 35 cm.

Sulla racchetta non è possibile aggiungere adesivi, oggetti, accessori che possano disturbare il gioco, creare confusione, fornire al compagno di squadra indicazioni. Gli unici "orpelli" concessi sono quelli destinati a evitare l'usura o le vibrazioni della racchetta, o per meglio distribuire il suo peso.

Vari tipi di racchetta: goccia, diamante, rotonda

Possiamo contare tre diverse tipologie di racchette, ognuna con le sue specifiche caratteristiche, pregi e difetti.

1. **Racchetta a goccia**

Questa racchetta è tra le più utilizzate tra i giocatori di livello intermedio. La racchetta a goccia è tra le più equilibrate in commercio: il bilanciamento è nel punto centrale e permette numerosi compromessi come una maggiore maneggevolezza in diverse situazioni di gioco. Un grande vantaggio si trova al centro: una zona che aiuta a gestire i colpi, riuscendo a correggere errori del giocatore. Il difetto di questa racchetta è di non eccellere in maneggevolezza o forza del colpo: è per questo che la racchetta a goccia è apprezzata dai giocatori di livello intermedio.

2. **Racchetta a diamante**

Un giocatore esperto, ormai in grado di gestire qualsiasi pallina, troverà la sua fida alleata nella racchetta a diamante. A differenza delle sue "colleghe", questa racchetta ha la particolarità di avere il peso spostato verso la punta: questo sbilanciamento valorizza al 100% la forza che il giocatore riversa nel colpo, garantendo una palla in uscita assai potente rispetto a qualsiasi altra racchetta. Quindi è l'ideale per tutti quei giocatori abili ma carenti in quanto a forza di tiro. Generalmente le racchette a diamante sono costruite con materiali di fattura migliore rispetto alle altre: pensate per giocatori esperti, la composizione strutturale della pala a diamante rispecchia il livello dei giocatori per i quali è pensata. Questa racchetta però, presenta alcuni difetti per i giocatori che si trovano questo strumento tra le mani e non sono ancora arrivati al livello adatto per maneggiarlo, quali:

– maneggevolezza complessa;

– il peso spostato la rende più "lenta";

– la forza che questa racchetta assicura, farà finire la pallina di giocatori inesperti direttamente sul vetro al primo colpo;

– il prezzo: superiore alla media.

3. Racchetta rotonda

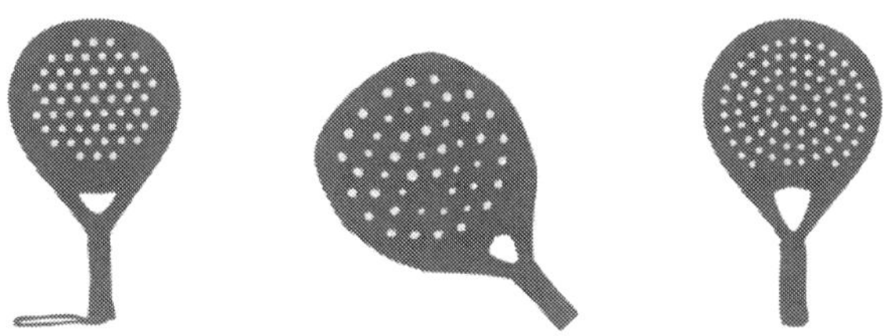

La racchetta rotonda è l'ideale per tutti i principianti e gli aspiranti giocatori, anche per coloro che si trovano in campo per la prima volta, affittano la racchetta o decidono di acquistarla. Ma non solo: in commercio esistono modelli pensati anche per i giocatori più esperti, poiché i pregi della racchetta rotonda possono tornare utili anche a chi pratica agonismo.

Maneggevolezza, prezzi economici e facilità sono i punti di forza di questa pala: il bilanciamento è verso il manico, assicurando così il controllo di gioco; è l'ideale per i giochi difensivi; la potenza del colpo e l'aggressività di gioco, trovano la loro piena realizzazione grazie proprio a questa pala.

Quando parliamo di gioco intelligente, in cui il giocatore preferisce studiare una tattica e ragionare sui colpi dei suoi avversari, la racchetta rotonda assicura un gioco davvero preciso e pulito. Inoltre tutela i principianti che non vedranno le loro palline finire fuori campo.

A differenza delle precedenti racchette però, la pala rotonda non permette un gioco offensivo: i colpi non saranno mai uguali alle vigorose battute di una pala a diamante o a goccia. Questo però potrà essere notato una volta superato un certo livello di gioco: all'inizio la pala rotonda assicura che la pallina rimanga in campo, a prescindere dalla forza utilizzata per battere il colpo.

Vari materiali

Come abbiamo appena visto, ogni racchetta è pensata per un giocatore di un determinato livello: pregi e difetti si adattano al giocatore esperto come al principiante. Ma ci sono altri fattori da considerare: sto parlando dei materiali.

La produzione di racchette da Padel non smette di sorprendere ed è volta a offrire le migliori caratteristiche di gioco per ogni giocatore. Per questo motivo il mercato è molto attento ai materiali utilizzati per la realizzazione di ogni pala. Design e materiali possono offrire un gioco migliore, maggiore potenza e anche aumentare la vita di una racchetta.

- Pala in carbonio: utilizzato nella maggior parte delle racchette per dare maggiore rigidità e resistenza che si traduce in colpi più potenti e maggiore durabilità.
- Pala in fibra di vetro: usata spesso in abbinamento con il carbonio, la sua elasticità dona flessibilità alla racchetta, per un tocco più comodo; inoltre rende la pala più economica ma anche più soggetta a usura.
- Pala in grafene: un materiale resistente ma che al tempo stesso rende la pala leggera così da assicurare potenza senza rinunciare alla manualità.

- Pala in kevlar: è un materiale molto rigido che offre maggiore potenza e durabilità nel tempo. Oggi questo materiale è utilizzato per produrre tubulari o strutture di rinforzo per la cornice.
- Pala in basalto: assicura controllo, potenza, durata nel tempo e non compromette gli sforzi di compressione.
- Pala in titanio: usato raramente, il titanio viene applicato in polvere ed è combinato con la pittura, dando maggiore resistenza alla pala senza compromettere il suo peso.
- Pala in alluminio: potenza e controllo e un suono caratteristico, sono le proprietà che distinguono le racchette costruite in alluminio. Un materiale che ancora non è usato per la grande produzione ma che promette di regalarci modelli davvero unici poiché combina le caratteristiche del carbonio con quelle della fibra di vetro.

Qual è la racchetta migliore per ogni giocatore

Ma la scelta dei materiali non basta per riuscire ad acquistare la racchetta migliore per ogni giocatore. Dobbiamo tener conto di altri fattori, forse ancor più importanti dei materiali. Primo fra tutti il livello di gioco. Che tu sia un principiante, un giocatore intermedio o un professionista, trovare la racchetta giusta per te potrà essere facile come complesso. Ma vediamo meglio come rendere la scelta della tua migliore amica in campo ancor più facile.

Principiante: il giocatore all'inizio della sua carriera, potrà trovare utile l'acquisto di una pala rotonda, con un peso leggero/medio, così da avere maneggevolezza e movimenti più puliti. L'ideale è una racchetta costruita in carbonio o in fibra di vetro.

Livello intermedio: questo giocatore ha bisogno di una pala che possa dargli maggiore sensibilità per ogni colpo. L'ideale è la racchetta costruita in fibra di carbonio, meglio ancora se a goccia.

Esperto: un giocatore esperto sarà in grado di scegliere la racchetta adatta al suo stile di gioco. Materiali, forma e caratteristiche, saranno i criteri da cercare prima di acquistare la sua pala.

Infine vi sono altri fattori da prendere in considerazione, prima di qualsiasi acquisto e per qualsiasi livello di gioco.

Il peso: forse la prima caratteristica che ogni giocatore cerca nella scelta della racchetta. Un peso inadeguato può compromettere l'intero gioco, che sia troppo leggero o troppo pesante, ma anche portare l'atleta a problemi di salute. Uno fra tutti il "gomito del tennista", meglio noto come epicondilite, causata da una racchetta spesso troppo leggera. Il peso ideale non dovrebbe scendere mai sotto i 350 grammi per una donna e i 370 per un uomo;

La faccia: una faccia rugosa, con dettagli e scanalature, assicura colpi notevoli e fa presa sulla pallina. Quindi la faccia dovrà essere sempre in linea con lo stile di gioco a cui si è abituati.

La dimensione: il mercato offre racchette classiche, medie e oversize. Il formato classico è più piccolo in superficie (ed è più facile mancare la pallina), ma è facile da gestire; il formato medio è pensato per i giocatori ormai in grado di gestire abilmente il proprio gioco, ma che ancora non possono definirsi pro; il formato oversize infine ha una faccia ampia che assicura un aumento della performance, colpi più puliti e al tempo stesso un maggiore controllo nel gioco.

Palline

E dopo la scelta della racchetta, arriva il momento di scegliere le palline adatte. Molto spesso si gioca a Padel utilizzando le classiche palline da tennis o, peggio ancora, vengono vendute palline di colore arancione. La Federazione ha stabilito chiare regole a riguardo: prima di tutto la pallina da Padel dev'essere o gialla o bianca, le palline arancioni non sono infatti regolamentate.

La pallina da Padel ha diversi livelli di pressurizzazione, a seconda del livello di gioco: hanno 0.06 atmosfere in meno di pressione, per un gioco non troppo veloce. La pallina è una sfera di gomma la cui superficie esterna è, come anticipato, o bianca o gialla.

Il diametro varia dai 6,35 cm e i 6,77 cm, per un peso che si aggira tra i 56,0 e i 59,4 g;

Il rimbalzo è compreso tra 135/145 cm (misurazione effettuata lasciando cadere la pallina su una superficie dura da 2,54 m);

La pressione interna è compresa tra 4,6/5,2 kg per ogni 2,54 cm quadrati.

Ma come si sceglie la pallina adatta? La scelta dipende sempre dal proprio livello di pratica e da un fattore importante. Le palline infatti si dividono in due categorie: palline pressurizzate e palline non pressurizzate. Le prime sono più leggere e assicurano un maggiore comfort; le seconde durano più a lungo, per la presenza del nucleo di gomma spesso. Per un giocatore alle prime armi, la scelta ricade sulle palline non pressurizzare: il rimbalzo lento, caratteristica di queste palline, garantisce lo scambio di gioco. Un giocatore professionista invece ha bisogno di velocità: le palline pressurizzate sono le sue migliori amiche.

Capitolo 3

Campo

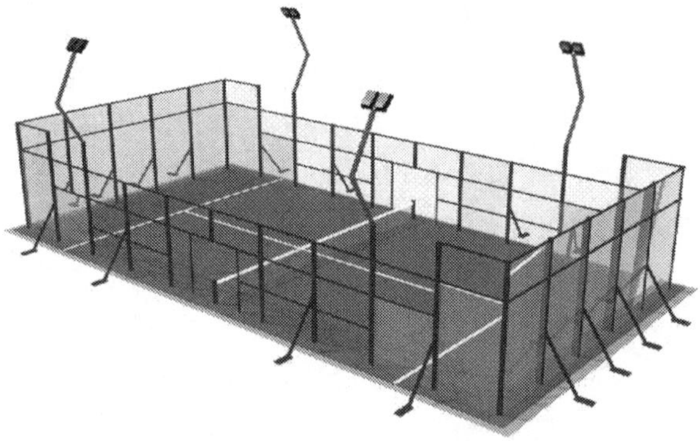

Oggi strutture indipendenti, centri sportivi e circoli hanno deciso di ampliare la loro offerta costruendo uno o più campi da Padel. Aiutati anche da diversi finanziamenti (attivi soprattutto negli anni passati), la costruzione di campi da Padel ha permesso di far avvicinare appassionati e neofiti a questo sport. Ogni campo ha precise specifiche tecniche, materiali da utilizzare, dimensioni da rispettare e criteri a cui rispondere, senza i quali non può definirsi un campo da Padel. L'ente che si occupa di assicurare il rispetto delle regole è ancora una volta la FIP, la Federazione Internazionale Padel. E se si pensa che il campo da Padel sia identico al campo da tennis, si cade in un grosso errore. In questo capitolo esamineremo com'è fatto un campo da Padel, le sue dimensioni e le specifiche tecniche che ci permetteranno di studiare ancor più da vicino questo sacro terreno di gioco.

Le dimensioni del campo

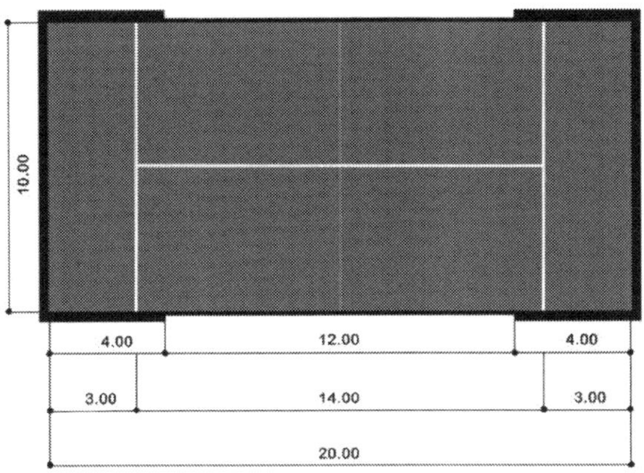

Il campo da Padel è un rettangolo che rispetta le seguenti misure: 10 metri in larghezza e 20 metri in lunghezza, con una tolleranza dello 0,5%. Generalmente le dimensioni sono 23 m x 13 m.

Il rettangolo è diviso a metà da una rete: parallela a questa e a una distanza di 6,95 metri troviamo le linee di battuta. Tra la rete e le linee di battuta il campo è diviso a metà da una linea perpendicolare, chiamata "linea centrale di battuta", che divide il campo in due zone uguali e si estende per 20 cm oltre la linea di battuta.

Le due metà del campo sono perfettamente simmetriche per quanto si riferisce alla superficie e alla tracciatura delle linee.

Tutte le linee tracciate all'interno del campo devono essere larghe almeno 5cm, di colore bianco o nero (per aumentare il contrasto con il colore della superficie del campo). L'altezza libera minima concessa è di 6 metri su tutta l'area e nessun arredo, come ad esempio le luci, devono essere posto nello spazio.

Un aspetto estremamente importante nei campi riguarda l'illuminazione artificiale. Sappiamo bene che le partite giocate in condizioni di luce discreta creano non pochi disagi.

L'illuminazione artificiale non deve causare difficoltà a giocatori, arbitri e spettatori. I pali delle luci sono posti sempre fuori dal campo: se presenti nelle zone di sicurezza, il gioco all'esterno è vietato. La distanza minima in altezza è di 6 metri. Inoltre la Federazione raccomanda sempre che l'asse longitudinale del campo di gioco outdoor sia rivolto a N-S, con una variabile tra N-NE e N-NO.

La rete

La rete nel campo da Padel è lunga 10 metri, alta 88 centimetri al centro e 92 centimetri alle estremità, con una tolleranza massima di 0,5 centimetri. La rete è sospesa da un cavo metallico: il suo diametro massimo è di 1 cm, e le sue estremità sono fissate a due paletti laterali (con un'altezza massima di 1,05m) oppure sono fissate alla struttura del campo.

Per garantire un campo sicuro per i giocatori, la federazione dichiara quanto segue:

«Il dispositivo per tendere il cavo deve essere concepito in modo che non si apra in modo imprevisto e non costituisca un rischio per i giocatori; i paletti di sostegno della rete hanno la faccia esterna tangente ai limiti laterali del campo (apertura, accesso o rete metallica) e possono essere di sezione circolare o quadrata, purché con bordi arrotondati».

La rete viene poi attaccata a un nastro bianco, che rispetta un'altezza che va dai 5,0 ai 6,3 cm: all'interno del nastro troviamo il cavo di sospensione. Il nastro può essere adibito a banner pubblicitario e può presentare una striscia aggiuntiva purché non superi i 9 cm totali.

La rete è realizzata in maglie di fibra sintetica e la loro ampiezza non dovrà mai permettere alla pallina di passarci attraverso.

Infine ecco un particolare estremamente importante, che purtroppo non tutte le strutture e i campi rispettano. La rete dev'essere sempre montata affinché riempia completamente lo spazio tra i pali di sostegno e la superficie del campo. Non dev'esserci alcuno spazio libero tra la rete e i paletti: i campi che presentano questa caratteristica, non sono terreno di gioco regolamentato.

Le linee

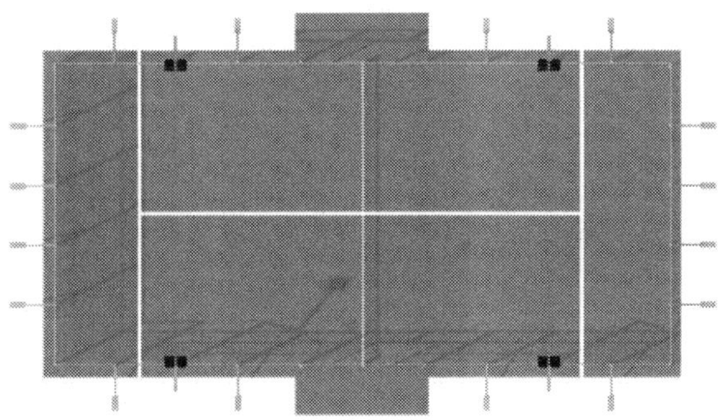

Come anticipato, le linee presenti nei campi da Padel, bianche o nere, sono larghe 5 centimetri e sono quattro, ossia due per ogni metà campo. Le linee servono a dividere il campo di gioco in due quadranti a ridosso della rete, e sul fondo del campo delineano la zona di servizio, importante per un gioco in ottica difensiva.

La linea orizzontale è quella parallela alla parete di fondo campo e alla rete di metà campo: questa linea indica la zona di servizio, ossia la parte del campo che il giocatore occupa per battere e dare inizio al gioco o alla partita. Il giocatore che batte occupa la zona di sinistra o di destra in base al punto da giocare, alternando sempre i due lati (il punto di apertura si batte sempre da destra, ma ci arriveremo).

La linea verticale serve a separare i due quadrati a ridosso della rete: la battuta è valida se è giocata nel riquadro avversario posto in diagonale rispetto al punto della battuta.

Le linee infine servono ai giocatori per organizzare la loro strategia di gioco e nascondono uno o più significati, scelti dalla coppia ormai affiatata. La linea verticale separa le due aree di campo: i giocatori si spostano lungo tutta la loro area di gioco; la linea orizzontale indica la zona di difesa, l'area da occupare per rispondere ai colpi e guadagnare la zona d'attacco subito a ridosso della rete.

Le linee saranno d'aiuto una volta improntata la propria strategia di gioco: colpi e tattica saranno importanti per riuscire a coprire l'intera area di gioco, sfruttare il linguaggio segreto delle linee e assicurarsi una vittoria.

Le recinzioni

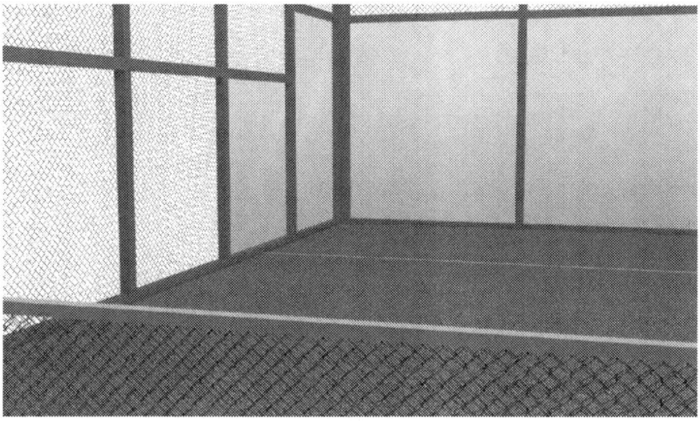

Il campo da Padel è recintato per tutta la sua superficie: nel fondo deve rispettare una larghezza interna di 10 metri, di lato una lunghezza interna di 20 metri. Le zone che presentano delle giunzioni, sono costruite con materiali che permettono il rimbalzo regolare della pallina; le zone con la rete metallica invece presentano un rimbalzo irregolare. Tutte le dimensioni si misurano sempre all'interno dell'area di gioco.

La rete metallica si colloca sempre allineata con la faccia interna della parete: se è fissata a un telaio, la parte superiore non dovrà presentare elementi esterni.

È possibile utilizzare qualsiasi materiale per costruire le pareti, purché siano:

- trasparenti e/o opachi. Come anticipato, i primi campi di Padel avevano pareti fatte di mattoni. Ancora oggi non è raro vedere costruzioni simili ma è sicuramente una scelta divenuta poco pratica;
- la consistenza assicuri un rimbalzo regolare e uniforme della pallina;

- la superficie sia uniforme, liscia e dura e non vada a ledere lo scivolamento della pallina;
- le pareti opache e/o trasparenti devono essere monocromatiche e uniformi, con colori preferibilmente verdi, blu, terracotta e sempre diverse dal colore presente sulla superficie del campo. Sì a marchi, stampe o disegni ma non più di uno per ogni parete e che non vadano a interferire la visione dei giocatori.

Se si sceglie di costruire campi con pareti in cristallo, è importante rispettare le norme previste per il vetro a lastre temperato. Inoltre si può usare un vetro temperato monolitico che abbia uno spessore minimo di 10 mm o un vetro stratificato con uno spessore di 6+6 mm.

Passiamo ora ad analizzare la struttura della rete metallica, spesso odiata dai giocatori alle prime armi ma che diventa un asso nella manica per la maggior parte dei livelli avanzati.

Le maglie della rete hanno una forma romboidale o quadrata, sono ritorte o saldate, e le loro dimensioni non sono mai inferiori ai 5 cm o superiori a 7,08 cm. Il diametro del filo di ferro è tra 1,6 mm e 3mm: è anche possibile arrivare ai 4 mm, con un occhio sempre vigile alla tensione che non deve impedire alla pallina di rimbalzare.

Se la rete presenta delle maglie saldate, i punti devono essere sempre protetti per evitare di provocare danni a giocatori e spettatori; se la rete non è ritorta, dovrà essere sempre montata in forma quadrata, mai romboidale; i fili orizzontali, quelli paralleli al terreno, trovano posto all'interno, verso il campo, mentre quelli verticali posti all'esterno.

Ma la griglia può anche essere in plastica: non è raro trovare campi che utilizzano questo materiale, preferendolo al metallo. Diversi giocatori inoltre potranno ben confermare come la griglia di plastica sia più versatile nel loro gioco. Perché quando il giocatore colpisce la griglia, può sfruttare il rimbalzo incerto della pallina, salvare un punto magari compromesso e riaprire il gioco a proprio favore.

Recinzioni fondali e laterali

Possiamo contare due tipi di recinzioni nei campi da Padel, facendo sempre fede a quanto stabilito dalla Federazione.

1. **Recinzioni Fondali o Di Fondo**

Le recinzioni fondali, note anche con il nome di recinzioni di fondo, sono alte circa 4 metri: i primi 3 metri presentano una parete rigorosamente trasparente e solida; nell'ultimo metro invece, troviamo sempre una rete metallica.

2. **Recinzioni Laterali**

La Federazione ha autorizzato quattro diverse varianti per realizzare le recinzioni laterali.

- Variante n°1: troviamo zone a scala di parete su entrambe le estremità; le misure, per il primo gradino, sono 3 m di altezza x 2 m di lunghezza; sulla parte restante invece 2 m di altezza x 2 m di lunghezza; a completare la recinzione la rete metallica che misura 3 m di altezza (nei 16 m centrali) e fino a 4 m di altezza (nei 2 m finali).
- Variante n°2: troviamo zone a scala di parete su entrambe le estremità; le misure, per il primo tratto, sono di 3 m di altezza x 2 m di lunghezza; per la parte restante 2 m di altezza x 2 m

di lunghezza; a completare la recinzione la rete metallica che misura fino a 4 m di altezza.

- Variante n°3 cristallo: troviamo una zona di parete in entrambe le estremità; le misure sono di 3 m di altezza x 4 m di lunghezza; a completare la recinzione la rete metallica che misura fino a 4 m di altezza (nei 2 m finali).
- Variante n°4 cristallo: troviamo una zona di parete in entrambe le estremità; le misure sono di 3 m di altezza x 4 m di lunghezza; a completare la recinzione la rete metallica che misura fino a 4 m di altezza.

La superficie e i suoi materiali

Tutti i campi da Padel devono essere costruiti con materiali specifici: anche un solo elemento può compromettere le performance del gioco: pensiamo che un materiale può incidere sul rimbalzo della pallina, ecco perché è importante prestare attenzione. La superficie del campo da Padel può essere:

- di conglomerato poroso;
- di cemento;
- di materiale sintetico;
- di erba artificiale.

Il materiale deve permettere un rimbalzo regolare della pallina e, inoltre, deve evitare l'accumulo di acqua (pensiamo a quella piovana per i campi outdoor).

Generalmente la superficie è di colore verde, azzurro o terracotta, in tutte le loro varianti e sfumature; si usa un unico colore per l'intera superficie, ma che sia diverso dal colore delle pareti. Il nero può essere usato solo per i campi indoor.

La superficie poi deve avere una planarità che consenta differenze di livello interne inferiori a 3 mm, con misure di 3 m. Se la superficie non è drenante, la pendenza massima trasversale di evacuazione è dell'1%.

La Federazione ha stilato requisiti ben precisi per quanto riguarda la superficie di un campo da Padel, che qui riporto:

- Assorbimento all'impatto (Riduzione della forza): RF ³ 20% sull'erba artificiale;
- Frizione: 0,4 £ m £ 0,8 sull'erba artificiale;
- Rimbalzo verticale della palla: ³ 80% sull'erba artificiale e sui campi sintetici;
- Ricambio di sabbia: SiO2 ³ 96%, CaO £ 3%, Spigoli arrotondati, Granulometria: 80% del peso, Æ16 mm - 1,25 mm, Lunghezza visibile della fibra 2mm-3mm sull'erba artificiale.

Gli Accessi: accessi al campo e possibilità di gioco all'esterno

Tutti gli accessi al campo di gioco sono simmetrici rispetto al centro; si accede all'area di gioco tramite le due pareti laterali, oppure in una sola. Le aperture infatti possono essere presenti su ciascun lato e possono o meno presentare una porta.

Se il campo non presenta porte, ed è quindi montato sopra il terreno, in corrispondenza dell'ingresso tutti i materiali che servono per rafforzare la struttura devono essere parte della stessa;

se questi non sono presenti, la proiezione verticale del campo è considerata come parte interna dello stesso.

Le aperture del campo da Padel rispettano queste misure:

- se vi è un solo accesso per lato: l'apertura ha dimensioni minime di 1,05 x 2,00 m e quelle massime di 2,00 x 2,20 m;
- se vi sono due accessi per lato: ciascuna apertura ha dimensioni minime di 0,72 x 2,00 m e massime di 1,00 x 2,20 m.

Le maniglie delle porte, se presenti, sono sempre all'esterno del campo.

La possibilità di gioco all'esterno è sempre tutelata sulla base della costruzione del campo stesso. Ogni lato ha due accessi liberi da qualsiasi ostacolo fisico all'esterno del campo (uno spazio minimo di 2 m di larghezza, 4 m di lunghezza per ciascun lato e almeno 3 m di altezza). L'accesso è sempre protetto nei tre lati (laterali, superiori e rete) con dispositivi e materiali che possano ammortizzare gli urti dei giocatori. Queste protezioni sono saldate alla struttura metallica e ai pali con un velcro o del nastro adesivo.

Capitolo 4

Regole di gioco

Dopo aver scoperto l'attrezzatura e l'aspetto funzionale del campo, è il momento di entrare nel vivo del gioco. In questo capitolo ci focalizzeremo sulle regole di gioco: come si fa punto? Quando una partita è conclusa? Che succede in caso di parità? Queste e altre domande troveranno risposta e potrai finalmente conoscere tutte le regole di gioco, iniziare ad allenarti e prepararti a giocare la tua miglior partita di sempre.

I punteggi

Per la prima volta possiamo dire che Padel e Tennis sono uguali in un aspetto: il punteggio.

Ogni gioco parte da 0, il primo punto viene indicato con il 15, il secondo con il 30, il terzo con 40; con quattro punti il gioco è aggiudicato. Se entrambe le coppie ottengono 3 punti, si ha parità: il punto è chiamato "vantaggio" e se la coppia conquista anche il punto successivo, si aggiudica il gioco altrimenti si torna in parità. Quindi per avere il gioco in mano, bisogna sempre avere due punti di scarto rispetto alla squadra avversaria.

La coppia che raggiunge per prima 6 giochi, con 2 di vantaggio, vince il set.

Se si arriva a 5 giochi pari, si giocano altri due: con il 7-5 si vince; se si arriva a una nuova partita a 6 giochi c'è il tie-break che viene vinto da chi per primo conquista 7 punti.

Tutti gli incontri sono al meglio dei 3 set: la coppia ha bisogno di due set per vincere la partita.

Punteggi, Tempi e le varie modalità di assegnazione punteggi nel caso di parità

Per ottenere il punto decisivo, non dev'esserci vantaggio. In questo caso, il punteggio viene così chiamato, iniziando sempre dalla squadra che batte:

- 0: nessun punto;
- 15: primo punto;
- 30: secondo punto;
- 40: terzo punto;
- gioco: quarto punto.

Quando le coppie vincono 3 punti ciascuno, e il punteggio è in parità, si gioca il punto decisivo: la coppia che ribatte sceglie se rispondere a sinistra o a destra del campo e non possono cambiare posizione nel punto decisivo. Il giocatore che risponde viene chiamato "Killer". In caso di parità poi, possiamo sfruttare due diverse varianti: vantaggi all'infinito oppure il vantaggio e poi secca. Dopo il primo vantaggio si esegue il punto secco: la squadra che riceve sceglie su chi ricevere e il giocatore designato viene appunto chiamato "Killer". La coppia che vince il punto, si aggiudica il gioco.

Un'eccezione si ha nelle partite di doppio misto: ribatte questo punto il giocatore dello stesso sesso del battitore.

Il tie-break

Nel tie-break i punti sono: 0, 1, 2, 3, 4, 5, 6 e 7: la coppia che per prima raggiunge i 7 punti, con due di vantaggio, vince il gioco e la partita. È possibile quindi continuare fino a quando lo scarto di due punti non viene raggiunto (8, 9, 10…).

A battere è il giocatore che avrebbe avuto diritto secondo la sequenza: si batte a destra una volta, poi si rispetta la sequenza con la coppia avversaria che batte due volte e via dicendo fino al termine. Chi vince al tie-break si aggiudica la partita con il punteggio di 7-6 e per la partita che segue, batte il giocatore della coppia che ha iniziato a ribattere nel tie-break.

Metodi di punteggio alternativi

Esistono tuttavia alcuni metodi alternativi per stabilire il punteggio in una partita, come segue:

- Partita a quattro giochi o "partita corta": vince la partita la coppia che ottiene 4 giochi, purché ne abbia 2 di vantaggio sulla squadra avversaria. Se il punteggio è di 4 giochi pari, si disputa il tie-break;
- Tie-break decisivo a 7 punti: se il punteggio è pari, il tie-break deciderà la squadra vincitrice. In questo caso il tie-break va a sostituire la partita finale; vince la squadra che ottiene i 7 punti, sempre con la regola di averne 2 di vantaggio;
- Tie-break decisivo a 10 punti: se il punteggio è pari, il tie-break deciderà la squadra vincitrice. In questo caso il tie-break va a sostituire la partita finale; vince la squadra che

ottiene 10 punti, sempre con la regola di averne 2 di vantaggio.

I tempi

Nonostante il Padel sia un orologio che non ha tempi fissi per quanto riguarda la durata di un incontro, ci sono rigide regole per quanto riguarda tutti i tempi connessi alla partita. Queste regole, quando vengono rispettate, garantiscono l'integrità nell'incontro; nelle partite ufficiali, il non rispetto dei tempi porta a ripercussioni sulla squadra, senza dimenticare la possibilità di creare disagi ai giocatori. Una tattica spesso usata per far saltare i nervi agli avversari, incorrendo però in sanzioni da parte del Giudice Arbitro.

Ed è proprio quest'ultimo che può dichiarare perdente la coppia che non è pronta in campo per giocare entro 10 minuti dall'orario fissato per l'inizio dell'incontro (salvo cause di forza maggiore).

Nei tornei amatoriali, come in quelli ufficiali, le partite sono programmate in un orario per turni, definito "a seguire"; in questo caso però l'orario d'inizio avviene sempre 5 minuti dopo il termine dell'incontro precedente.

Chi conosce il tennis, anche solo a livello amatoriale, sa bene che rispetto ad altri sport non si gioca con l'orologio in mano: una partita può durare diverse ore o pochi minuti. Per gli incontri ufficiali però sono da rispettare alcune regole:

- 120 secondi è il tempo massimo concesso per un break alla fine di ogni set;
- 20 secondi è il tempo massimo concesso tra un punto e il successivo;

- 90 secondi è il tempo massimo concesso per il cambio a fine gioco;
- il gioco, a partire dalla prima battuta fino al termine dell'incontro, dev'essere continuo e mai sospeso o rinviato. In questo modo si evita che una squadra o un singolo giocatore possa recuperare le forze o ricevere consigli tattici;
- il palleggio preliminare è obbligatorio, e dura 5 minuti.

Tutti questi intervalli iniziano nel momento dell'assegnazione del punto e terminano quando si effettua la battuta del punto seguente.

Esistono poi delle eccezioni: se un giocatore ha necessità di sostituire la sua racchetta o cambiare le scarpe, può essere concesso un tempo supplementare. Possono essere concessi intervalli per cambiare abbigliamento o andare in bagno, purché notificati prima dell'inizio della partita. E ci sono anche tutta una serie di situazioni che possono portare alla sospensione di un incontro, la sua conseguente ripresa, e devono rispettare criteri ben precisi come segue:

- in caso d'infortunio esterno, il Giudice Arbitro può concedere cure mediche per un tempo che non superi i 15 minuti;
- in caso d'infortunio in campo, ogni giocatore ha 3 minuti per le cure mediche che possono essere fornite una volta per ogni giocatore: il diritto di cura non può essere concesso al proprio compagno di gioco;
- In caso di pioggia, condizioni meteo avverse o incidenti, l'incontro può essere sospeso;
- l'incontro riprende sempre dal punto in cui è stato interrotto, rispettando gioco, punteggio, giocatore alla battuta e posizione in campo delle squadre;

- la ripresa di un incontro deve garantire alle coppie il palleggio preliminare rispettando tempi precisi: 5 minuti di sospensione, nessun palleggio; 5-20 minuti di sospensione, 3 minuti di palleggio; >20 minuti di sospensione, 5 minuti di palleggio;
- se il giocatore riporta ferite sanguinanti, non può continuare la partita;
- se la partita si sospende per oscurità, l'interruzione avviene quando la somma dei giochi è pari.

Partenza: la posizione di partenza

È il momento di scendere in campo e anche in questo caso ci sono regole da rispettare.

Ogni coppia si posiziona in una delle metà campo, poste ai lati della rete. Viene chiamato battitore il giocatore che mette la palla in gioco; viene chiamato ribattitore, il giocatore che la respinge ed è posizionato diagonalmente dall'altro lato della rete. A eccezione del battitore, gli altri 3 giocatori possono posizionarsi in qualunque parte del proprio campo; nessun giocatore può stare fuori dal campo mentre si effettua la partita ma un giocatore può giocare da solo, contro i suoi avversari.

È il sorteggio a scegliere il lato del campo e il diritto di essere battitore o ribattitore nel primo gioco. Infatti la coppia che vince il sorteggio può scegliere di battere o ribattere, il lato del campo in cui stare o di lasciare la prima scelta agli avversari.

Quando la somma dei giochi è dispari, le coppie cambiato lato del campo; nei tie-break ciò avviene ogni 6 punti; in caso di mancato cambio si rimedia subito all'errore e si prosegue con la sequenza giusta e i punti fatti prima della scoperta sono sempre validi.

La battuta

Battuta, ripetizione battuta e fallo in battuta, ribattuta, ordine e scelta della ribattuta

Ogni partita, ogni set e ogni punto, ha inizio con la battuta: è il colpo principale, quello che dà inizio ai giochi, letteralmente.

Il battitore ha entrambi i piedi dietro la linea di battuta: si trova tra il prolungamento della linea centrale e la parete laterale in quella chiamata "area di battuta" e mantiene questa posizione fino a quando colpisce la palla. La pallina deve rimbalzare prima sul terreno dell'area di battuta e poi potrà essere colpita; il battitore non deve toccare con i piedi la linea di battuta, non può camminare, correre o saltare nell'eseguire la battuta.

Al momento del colpo, la pallina si trova all'altezza della cintura e il giocatore ha almeno un piede a contatto con il terreno; il battitore lancia la pallina sopra la rete e deve atterrare nel riquadro di battuta opposto diagonalmente nell'altro lato del campo: il rimbalzo quindi deve avvenire entro le linee.

La prima battuta si fa sempre dal lato destro verso quello sinistro e poi si prosegue di conseguenza. Se la pallina viene colpita o se il tentativo di colpirla fallisce, la battuta viene ugualmente considerata come effettuata.

La coppia che ha diritto di battuta, sceglie quale giocatore sia il battitore: l'ordine non può essere più modificato fino all'inizio della partita successiva.

Il battitore non colpisce mai se il ribattitore non è pronto.

Fallo di battuta

La prima battuta può diventare un fallo e il battitore avrà quindi una seconda possibilità per colpire la pallina. Si ha un fallo di battuta quando:

- il battitore non colpisce la pallina;
- la pallina va fuori dall'area di battuta del ribattitore;

- la pallina colpisce il battitore o il suo compagno;

- la pallina cade nell'area del ribattitore e colpisce la rete metallica;
- la pallina rimbalza nell'area del ribattitore ed esce dalla porta laterale;
- la pallina colpisce direttamente (quindi senza rimbalzare a terra) il vetro del campo opposto.

Battuta nulla

La battuta può essere ripetuta e quando ciò avviene si dice "battuta nulla", nei seguenti casi:

- la pallina tocca la rete e/o i paletti che la sostengono e cade nell'area del ribattitore (in questi casi si dice "net");
- la pallina, dopo aver toccato la rete e/o i paletti, colpisce uno degli avversari;
- la battuta è fatta con il ribattitore non pronto;

La ribattuta

Una volta che la pallina è stata colpita dal battitore, il colpo successivo spetta al ribattitore: aspetta che la pallina cada nella sua area di battuta e la ribatte prima del secondo rimbalzo.

La coppia che ribatte nel primo gioco decide quale giocatore avrà il compito di ribattitore e dovrà mantenere questo ruolo sino al termine della partita; ogni giocatore però ribatte in maniera alternativa durante il gioco.

Se il ribattitore o il suo compagno di squadra colpiscono la pallina o la toccano con la pala prima del suo rimbalzo, il punto verrà assegnato alla squadra del battitore.

Come fare punto

Ci sono vari modi per riuscire a fare punto a Padel e riuscire, pallina dopo pallina, a portarsi a casa una vittoria. Generalmente è possibile fare punto in una o più di queste situazioni:

- se l'avversario colpisce la pallina al volo prima che venga superata la rete;
- se l'avversario colpisce la pallina più volte nella stessa risposta o battuta;
- se l'avversario colpisce le pareti del tuo campo senza far rimbalzare la pallina prima per terra;

- se l'avversario colpisce le reti metalliche del suo campo;
- se l'avversario fa rimbalzare la pallina due volte prima di colpirla;

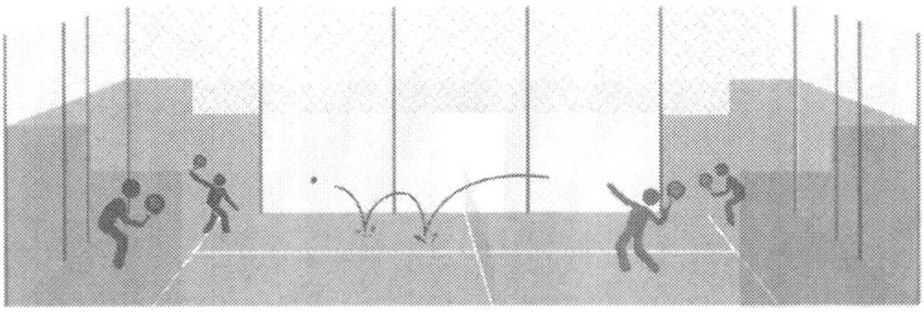

– se l’avversario colpisce la pallina e la fa rimbalzare sul suo campo;

– se la pallina colpisce il corpo del giocatore avversario.

Andiamo ora ad analizzare tutte le altre situazioni che potrebbero verificarsi in campo.

Colpo disturbato e ripetizione

Un colpo è disturbato quando un giocatore, per sua volontà o meno, disturba l'avversario mentre colpisce la pallina. L'arbitro se il disturbo è volontario assegna il punto agli avversari; se il disturbo è involontario, farà giocare nuovamente il punto, che in questo caso sarà un colpo nullo.

Se il colpo è nullo, può essere ripetuto; questo avviene quando:

- la pallina si rompe;
- c'è un'invasione di campo;
- il gioco è interrotto per situazioni fuori dal controllo dei giocatori.

Palla in gioco

La pallina è sempre in gioco quando la battuta è valida e rimane in gioco fino a un colpo nullo o a un punto assegnato e viene colpita, in maniera alternativa, da ogni coppia. Se la pallina in gioco colpisce un elemento del campo, dopo essere rimbalzata sul terreno, rimane in gioco e dovrà essere rimandata nel campo avversario prima che tocchi terra una seconda volta. Per elementi del campo si considerano sempre: la faccia interna delle pareti, la rete metallica, il terreno, la rete e i pali che la sostengono.

Punto perso

Una coppia può perdere il punto se, durante la palla in gioco, uno dei due tocca la rete, i pali o parte del terreno avversario, con gli arti o con la racchetta.

Il punto è perso quando la pallina rimbalza due volte prima di essere respinta, oppure quando dopo un rimbalzo esce dal campo o dai perimetri esterni o dalla porta. Ma questi non sono gli unici casi, vediamone altri nel dettaglio. Un punto è perso quando:

- la pallina che viene colpita per essere rimandata agli avversari, tocca la rete metallica della sua metà campo;

- la pallina viene rimandata di volo prima che oltrepassi la rete;
- la pallina, dopo esser stata colpita, tocca il giocatore che l'ha colpita o il suo compagno di squadra;
- un giocatore colpisce la pallina ma non con la racchetta;
- un giocatore esegue il "doppio colpo", ossia colpisce due volte consecutive la pallina;
- un giocatore commette fallo in seconda battuta;
- un giocatore rimanda la pallina colpendo prima le pareti del suo campo e poi quelle avversarie senza prima rimbalzare in campo;
- un giocatore salta sopra la rete mentre la palla è in gioco;
- entrambi i giocatori della squadra colpiscono la palla: solo un giocatore per volta può colpire la palla e respingerla.

Gioco all’esterno

A differenza di altri sport, nel Padel è possibile anche giocare all’esterno del campo, purché le condizioni rispettino appunto le regole dettate dal “gioco autorizzato all’esterno”. Sono situazioni che non sempre si verificano, ma che potrebbero capitare durante una partita e quando succede, possiamo davvero capire fin dove può spingersi l’intelligenza e la bravura di un giocatore.

I giocatori possono uscire dal campo e colpire fuori la pallina purché il campo sia costruito rispettando le regole e i requisiti richiesti dalla Federazione e disponga delle zone di sicurezza per garantire il gioco esterno.

Nel gioco all’esterno ci sono situazioni tipiche, generalmente si verificano quando la pallina viene colpita fuori dal campo. In questi casi la risposta può dirsi buona se:

- il campo ha un accesso per lato, non presenta ostacoli esterni entro 2 metri di larghezza, 4 metri di lunghezza e 3 metri di altezza;
- l’accesso è protetto nei suoi tre lati, nella rete e con dispositivi a garantire la sicurezza dei giocatori contro eventuali urti.

Se il gioco all’esterno è autorizzato, i giocatori possono toccare il palo verticale mediano tra le porte, ritenuta zona neutrale; e ancora se la pallina, dopo un rimbalzo, esce dai limiti, il giocatore può recuperarla giocandola dall’esterno.

Capitolo 5

Movimenti in campo

Posizioni da assumere in campo nelle diverse situazioni

Nel Padel la posizione che si assume in campo è un aspetto fondamentale: facilita la scelta dei colpi da fare, limita le possibilità di risposta offensiva degli avversari e può portare una squadra alla vittoria in maniera molto più celere.

- Se la pallina è a destra: i giocatori si spostano sulla destra e il giocatore che si trova a sinistra copre anche metà del campo;
- se la pallina è a sinistra: i giocatori invertono le posizioni e sarà quello a destra a coprire la metà del campo;
- se la pallina è al centro: riceve chi ha il diritto.

Capire dove arriva la pallina porta i giocatori a muoversi avanti e indietro nel campo, salire a rete oppure scendere a fondo. Queste scelte sono tra le tattiche più complessa sia da capire che da applicare, soprattutto quando l'affinità con il compagno di squadra fatica a decollare. Salire a rete o scendere a fondo richiede pratica, allenamento e piena consapevolezza del gioco.

Nel Padel i giocatori della coppia si muovono all'unisono: sono entrambi in difesa o entrambi in attacco e mai un giocatore copre la linea di fondo mentre l'altro è sotto rete. Un giocatore alle prime armi avrà difficoltà a salire a rete, perché non riesce ancora a valutare bene palle lunghe e alte.

La posizione e i movimenti in campo posso portare a conoscere i propri avversari e godere di un certo livello di prevedibilità. Ad esempio se una coppia risponde alla battuta sempre allo stesso modo, lasciando vuoto chi sta battendo, non serve a nulla correre a rete e tornare indietro ma aspettare per colpire al meglio.

Se la pallina è alta, si può decidere quale strategia adottare: aspettare il rimbalzo prima di colpire oppure colpire al volo.

Capitolo 6

I Colpi

Dopo aver studiato le regole è arrivato il momento di guardare ai fondamentali del Padel: i colpi base, quelli che tutti devono conoscere prima ancora di prendere la pala in mano. E chi ha studiato tennis non si troverà in gran vantaggio, perché nel Padel anche il più semplice dei colpi può nascondere delle insidie. Muoversi bene durante la partita, saper usare la racchetta nel modo giusto e colpire la pallina nel modo corretto: questa è l'essenza del Padel e questi sono i colpi più importanti che dovrai imparare per iniziare a diventare un asso in questo sport.

Servizio

Il servizio nel Padel è il colpo che dà il via alla partita ma, a differenza del tennis, non si esegue con la racchetta sopra la testa: nel Padel la racchetta è sotto il livello della cintura, quindi il servizio si esegue sempre dal basso.

Con la racchetta sotto la cintura, il colpo si esegue in diagonale nel rettangolo di servizio del campo degli avversari e dopo aver fatto rimbalzare la pallina, con i piedi sempre dietro la linea bianca di fondo campo. Quindi si potrà colpire di diritto o di rovescio. Anche nel Padel se il servizio viene sbagliato per due volte consecutive viene dichiarato il doppio fallo. Ma i falli possono essere diversi, a seconda delle seguenti situazioni:

- è fallo quando il colpo è eseguito con il braccio e la racchetta sopra il livello della cintura;
- è fallo quando la pallina rimbalza dentro il campo, senza arrivare a quello avversario;

- è fallo quando il giocatore entra con i piedi prima di aver effettuato il servizio.

Spesso nel tennis il servizio dà origine a un "ace", ossia il punto; nel Padel è quasi impossibile riuscire nell'impresa.

Volée

La Volée è un colpo assai utilizzato nel Padel, soprattutto per chiudere un punto.

Questo colpo permette di tenere sempre vivo lo scambio, creare dialogo tra i giocatori e dare il ritmo alla partita. Tanto bello quanto difficile da eseguire: molti giocatori imprimono troppa forza nel colpo, con il rischio di far finire la pallina dritta contro la rete o la parete di fondo campo.

Allenamento, precisione e controllo sono gli attributi necessari per riuscire a eseguire una volée perfetta e funzionale al gioco.

Essendo un colpo al volo, la volée richiede grande dinamicità perché tra l'osservare la pallina e colpire c'è poco tempo a disposizione.

I piedi sono ben saldi al terreno, i talloni leggermente alzati e i quadricipiti flessi per avere maggiore reattività; la testa della pala è all'altezza degli occhi. Per eseguire al meglio una volée, il giocatore dovrà riuscire a fare un piccolo salto al momento dell'impatto: quello che viene chiamato "split step". Nel Padel esistono diverse tipologie di volée, tra cui:

- La volée alta: è un colpo piatto e si esegue portando la racchetta sopra la spalla;
- La volée bassa: la pala è sotto il tronco e la pallina va alzata sopra la rete;
- La volée di opposizione: se l'avversario tira forte, si sfrutta la potenza facendo resistenza con il piatto della pala, il peso si sposta sulla gamba destra o sinistra rispettivamente per la volée di dritto o di rovescio;
- La volée di attacco: si cerca d'impattare la pallina, portando in avanti tutto il peso del corpo; il piatto della pala è all'altezza delle spalle.

Pallonetto

Il pallonetto rientra nei colpi tattici, può essere fatto di dritto o di rovescio e viene usato nella fase di difesa del gioco. Con il pallonetto scavalchiamo l'avversario che non avrà altra scelta che andare a fondo campo, così noi riusciremo ad avanzare a rete pronti a rispondere al suo colpo. Nel Padel è un colpo fondamentale che si esegue più volte anche durante un singolo scambio. Per i neofiti è sicuramente il colpo più complesso (ma i professionisti diranno lo stesso): un pallonetto eseguito erroneamente, porterà ad un contrattato pericoloso.

Poiché nel Padel si vince con una buona posizione a rete, il pallonetto è un colpo che permette di spostare gli avversari sempre a fondo campo. La testa della pala è aperta, verso il cielo, e sotto la pallina; non si gioca con il polso ma tutto il braccio dev'essere esteso e rivolto verso l'alto.

Ci sono tre diverse tipologie di pallonetto:

- Pallonetto alto: la palla va oltre l'altezza massima delle pareti e si gioca incrociato;
- Pallonetto veloce: quando l'avversario è attaccato alla rete, il pallonetto ha una traiettoria sotto l'altezza delle pareti del campo;
- Pallonetto altissimo: simile al precedente ma da preferire per le partite in outdoor.

È preferibile giocare questo colpo quando l'avversario ha colpito la parete di fondo campo: la pallina perderà velocità e noi avremo più tempo per colpirla.

Bandeja

La Bandeja, ossia "vassoio", è un colpo distintivo del Padel, simile a una volée alta. Si gioca sempre da destra e in direzione incrociata. Nonostante la pallina si colpisca al volo e sopra la testa, non è un colpo offensivo ma è la soluzione più sicura per essere sempre sotto rete e provare a far punto.

L'impugnatura è a martello, come per la volée, ci si sposa all'indietro con passi laterali, preparando ad aprire la racchetta come fosse un vassoio, i piedi sono dietro la linea della palla, con il piede sinistro che si apre e le spalle in obliquo verso la propria destra; il busto ruota. Il gesto finale non si ferma con l'impatto, ma ha un allungo in avanti. Subito dopo il colpo, il giocatore ritorna in posizione verso rete.

Lo scopo di questo colpo infatti non è far punto, ma riconquistare sempre la rete.

Vibora

La Vibora, "vipera", è un altro colpo caratteristico del Padel; un colpo che mette in difficoltà gli avversari: la palla fluttua in aria rendendolo un colpo offensivo sotto tutti i punti di vista. La palla viene colpita lentamente a seguito di un gioco accentuato del gomito per imprimere più forza al colpo.

L'impatto è sopra il livello della testa, in linea con la spalla destra, mai davanti al corpo.

Rotazione del busto e l'uso del gomito permettono di eseguire un mulinello rapido, necessario per mettere a segno il colpo e la sua perfetta esecuzione. Questo colpo permette alla pallina un rimbalzo basso, in campo e sulla parete, complicando la risposta dell'avversario.

Se si colpisce vicini alla rete, si può anche far punto; se si colpisce lontani, si riduce la velocità per avere il tempo di arrivare a rete.

La Vibora è utile piazzarla tra la parete laterale: il rimbalzo sul vetro complica la difesa avversaria; al centro è il colpo perfetto per chi difende a sinistra.

Dejada

La Dejada è un colpo spettacolare, sorprende l'avversario e cambia il ritmo dello scambio in maniera decisiva. Non è però un colpo sempre adatto e non va mai abusato. Si usa quando gli avversari sono contro la parete di fondo: l'avversario è costretto a recuperare in maniera frettolosa e complessa e questo colpo può essere la chiusura definitiva del punto.

Si gioca in entrambe le direzioni, preferendo spesso quella incrociata. Non bisogna usare questo colpo troppo spesso, o si perderà il fattore sorpresa; al contrario una Dejada mal giocata potrà far perdere il punto.

La faccia della racchetta è leggermente aperta, fino a trovare il giusto taglio; il gesto è breve e secco, con il braccio sempre rilassato. È un colpo che può essere allenato, ma i più grandi maestri concordano che per la Dejada serve un talento naturale.

Chiquita

La chiquita, un colpo tanto popolare quanto complesso, in grado di sorprendere l'avversario in un'azione di contrattacco. Il colpo permette di giocare una palla corta e morbida, tra la rete e gli avversari.

Si gioca a metà campo, è usato dai professionisti per recuperare le redini dello scambio.

La chiquita richiede precisione e controllo della pallina e sono possibili 3 modi per eseguirla fatti di flessibilità nelle gambe e delicatezza nel braccio:

- Effetto liftato: si lancia la palla ai piedi dell'avversario con una traiettoria morbida;
- Senza effetto: la testa della racchetta è perpendicolare al campo, l'impatto con la pallina è piatto, si supera la rete sfiorando il net, cercando una traiettoria difficile da interpretare per l'avversario;
- Effetto tagliato: il piatto della racchetta è in obliquo rispetto al campo, e si colpisce la pallina tagliando l'effetto. La pallina cade subito dopo la rete evitando il rimbalzo.

Contro parete

Forse il colpo più caratteristico e che spesso crea disagi a chi si avvicina a questo affascinante gioco. La contro parete può risolvere la più complessa delle situazioni, richiede abilità, velocità, allenamento e anche un pizzico di fortuna.

Il contro parete è un colpo che si esegue nei pressi della zona di fondo campo: è un colpo difensivo, e aiuta il giocatore a uscire da situazioni complesse che potrebbero compromettere la partita. È spesso noto come un colpo di emergenza: l'ultima possibilità per evitare di perdere il punto.

Si usa quando il rimbalzo della pallina ci supera e ci troviamo a guardare il fondo del campo: si colpisce la pallina verso il vetro del proprio campo, cercando di calcolare la traiettoria che porterà al rimbalzo nel campo degli avversari.

Si cerca sempre di colpire la pallina sopra la nostra testa: questo serve a evitare che la pallina rimbalzi direttamente sulla nostra faccia facendoci non solo perdere il punto ma anche molto male.

Attenzione sempre alle distanze e ai punti d'impatto: la spettacolarità di un colpo non vale in termini di salute personale.

Uscita di parete

L'uscita di parete è un colpo che si gioca dopo che la palla ha colpito il vetro di fondo o il vetro laterale.

Nel Padel è una situazione che si verifica sempre: se all'inizio potrà essere un punto di svantaggio, con il tempo questo colpo diventerà naturale sia in fase difensiva che offensiva.

Prima di tutto il giocatore deve valutare se conviene far passare la pallina o colpirla subito dopo il rimbalzo.

Se la pallina è lenta si usa il pallonetto; in alternativa si tira forte verso l'avversario oppure si gioca al centro. Un'altra soluzione è colpire la pallina al livello della testa: un colpo violento e piatto in direzione incrociata per sorprendere gli avversari che non avranno tempo di reagire.

Cuchilla

La Cuchilla è un colpo decisivo ed è quello che i più grandi giocatori di Padel usano a proprio vantaggio. È spesso definito come uno schiaffo, uno smash più aggressivo.

Si fanno piccoli passi corti e rapidi per posizionarsi sotto la palla ed eseguire il colpo con comodità; si cerca di colpire la palla sempre alta.

L'errore più frequente è ritenere questo colpo come uno smash e colpire dall'alto verso il basso: il giocatore che vuole usare la Cuchilla è a fondo campo e la pallina dovrà percorrere diversi metri prima di superare la rete. Quindi si porta il colpo in avanti per superare la rete e rimbalzare oltre la linea di servizio.

Se la pallina rimbalza vicino al vetro di fondo, sarà bassa e impossibile da recuperare; se non c'è rotazione o se la pallina rimbalza troppo corta, finirà col restituire un rimbalzo dopo l'impatto col vetro favorendo gli avversari.

È un colpo assai rischioso ma che vale la pena d'imparare.

Smash: obiettivo del colpo, come si esegue, quando serve, consigli e strategie

Lo smash è il colpo più giocato e secondo i neofiti è il più facile da imparare e mettere in campo. Mi dispiace deludervi ma così non è. Lo smash dà soddisfazione, perché è l'unico che permette di conquistare punti diretti ma al tempo stesso può rivelarsi un'arma a doppio taglio.

È sicuramente più facile se giocato a sinistra, perché assicura angoli efficaci e comodi e una precisione senza errori.

Ci sono diversi varianti da poter utilizzare:

- Smash kick: ci si affianca con i piedi e si colpisce la pallina a sinistra della testa indirizzandola verso la griglia o il vetro complicando la difesa avversaria;

- Smash por quatro: da usare se l'avversario gioca un lob corto, così da recuperare la struttura a fondo campo;
- Smash por très: la pallina esce lateralmente, verso la griglia.

Un fattore comune è il seguente: la pallina batte entro la linea del servizio e colpisce la parete vicino all'intersezione del vetro; se rimbalza troppo profonda o finisce troppo vicina alla parete laterale, non avrà spazio e angolo sufficienti per andare oltre la griglia.

Uno smash largamente utilizzato è lo smash dritto per dritto: si colpisce a tutta forza da sinistra in lungo linea (dritto per dritto), facendo rimbalzare la pallina vicino alla rete cosicché dopo aver colpito la parete di fondo si alzi e gli avversari non potranno più difenderla.

Abbiamo anche lo smash rapido per i giocatori di destra carenti in potenza: si colpisce la pallina più bassa e con il braccio in avanti affinché vada oltre la linea del servizio, vicina alla parte di fondo.

Gli aspetti essenziali che caratterizzano una perfetta esecuzione del colpo sono la ricerca di palla, l'azione dell'arto non dominante, l'ampiezza della preparazione e la catena cinetica.

1. La ricerca della palla: il corpo fiancheggia la rete, i piedi si muovono con passi svelti e incrociati. In questa posizione il giocatore è in grado di portare il peso del corpo dietro la pallina; il baricentro è passo, le gambe sono piegate;
2. L'azione dell'arto non dominante: questo arto ha un ruolo attivo nel colpo. Il braccio permette alla racchetta di essere leggermente indietro rispetto al corpo, con il gomito sinistro rivolto verso la pallina. Il peso del corpo si porta sulla gamba posteriore. L'arto non dominante infine si estende perpendicolare rispetto al terreno.

3. L'ampiezza della preparazione: la racchetta descrive una traiettoria all'indietro e verso l'alto, per portare l'arto dominante in posizione di forza. Grazie ad una leggera torsione del tronco, viene garantita maggiore energia da imprimere al colpo.
4. La catena cinetica: le gambe si estendono con una spinta attivata dalla gamba posteriore; la racchetta cade dietro la schiena; la rotazione del braccio permette di avere forza sulla pallina.

Capitolo 7

Livelli dei giocatori

In qualsiasi sport esistono classifiche: ci sono i giocatori più forti, quelli più bravi, i prossimi campioni. Ci sono i giocatori alle prime armi, quelli che hanno iniziato da poco a muovere i primi colpi in campo ma che promettono sorprese e poi ci sono giocatori che probabilmente giocano solo a livello amatoriale.

Qualunque sia il proprio livello di preparazione, nel Padel identificare il proprio livello, quindi le proprie competenze grazie al tempo e agli allenamenti, potrà permetterci da un lato di confrontarci con numerosi atleti più bravi o al nostro stesso livello e, dall'altro lato, conoscere il proprio livello ci renderà più facile la scelta della racchetta che, come abbiamo visto nei capitoli passati, deve sempre adattarsi al livello di gioco di ogni atleta.

Nel Padel si è soliti distinguere i giocatori in principianti, intermedi, avanzati e professionisti. In questo capitolo vedremo quali sono e come si caratterizzano i livelli e cercheremo anche di capire come riconoscere il proprio livello di gioco e capire quello degli avversari.

Principiante

Il primo livello del Padel è 1.0: la base da cui parte qualsiasi giocatore. Questo livello indica chi ha appena iniziato a giocare ed è, ovviamente, senza esperienza. Segue il livello 1.5: tutti i giocatori che hanno iniziato le prime sedute di allenamento, conoscono i colpi di base ma devono ancora imparare a gestire la pallina.

Con il livello 2.0 s'identificano i giocatori che conoscono meglio i colpi più importanti ma sono ancora poco abili nel colpire la pallina poiché sono carenti di precisione e potenza.

Infine troviamo il livello 2.5: il diritto e il servizio sono ormai colpi completi ma ora il giocatore inizia a prendere dimestichezza con il rovescio e la volée, nonostante la potenza sia ancora scarsa.

Intermedio

Il primo livello che troviamo è il 3.0. Questo giocatore è in grado di eseguire un diritto potente e controllato, il rovescio è ormai pulito, risponde ai rimbalzi e padroneggia il pallonetto di diritto, serve bene, nonostante la scarsa potenza, ma i suoi colpi tagliati, quelli piatti e i topspin sono ormai versatili.

Il giocatore che risponde al livello 3.5 ha maggiore controllo e più potenza nei colpi di diritto, senza dimenticare la dimestichezza acquisita con il rovescio. Ora il giocatore può iniziare anche a studiare e applicare colpi speciali e colpi tagliati; da evidenziare inoltre la reattività nelle volée sotto rete.

Con il livello 4.0 troviamo un giocatore con buona potenza sul rovescio e buon controllo sul diritto. Il suo servizio è aggressivo ed è in grado di eseguire una volée più profonda ed è consapevole dell'esecuzione dei colpi speciali.

Infine troviamo il livello 4.5, l'ultimo nella scala dei giocatori di livello intermedio. Il giocatore con questo punteggio ha un buon diritto nei rimbalzi, un rovescio potente e maggiore controllo e padronanza di tutti i tiri al volo.

Avanzato

Il giocatore che risponde al livello 5.0 padroneggia il diritto e ha un controllo totale, o quasi, del servizio. La sua volée è aggressiva e il suo rovescio ha un'eccellente potenza.

Con il livello 5.5 troviamo un giocatore che poco si discosta dal livello precedente: ora la sua visione della partita è più ampia, inizia a pianificare diverse strategie di gioco ed è in grado di recuperare, durante un incontro, anche le situazioni più complesse.

Professionistico

I livelli 6.0, 6.5 e 7 sono appannaggio dei giocatori professionisti: non si ha più bisogno di guardare le loro competenze e possono essere in grado di giocare tornei mondiali e internazionali ed entrare nelle classifiche dei professionisti.

Con i livelli 6.0 e 6.5 s'identificano i giocatori che partecipano ai tornei regionali e nazionali con risultati rilevanti.

Con il livello 7 troviamo tutti i giocatori in grado di poter partecipare ai tornei internazionali.

E tu, che livello sei? Proviamo a scoprirlo!

Come capire il proprio livello nel Padel

Un bravo insegnante saprà sicuramente indicare il tuo livello di preparazione e di gioco, ma anche da soli possiamo essere in grado di trovare il proprio livello. Chi proviene dal tennis è sicuramente in vantaggio: i livelli di gioco esistono anche lì e sicuramente un giocatore di tennis non avrà difficoltà nell'individuare il proprio livello di gioco. Ma l'appartenenza allo sport sulla terra rossa non è esclusiva: una persona sportiva, un atleta o un appassionato sarà in grado perfettamente di riconoscere i suoi limiti e i suoi pregi nel gioco e potrà, facilmente, dedurre il suo livello. Per facilitare ulteriormente questa situazione, è possibile utilizzare una scala di autovalutazione chiamata IPR: uno strumento utile non solo per capire il proprio livello di gioco, ma anche per poter organizzare le squadre, preparare tornei amatoriali e gestire qualsiasi giocatore indipendentemente dal livello.

IPR, ossia "International Padel Rating" è appunto una scala che identifica il grado di competenza di gioco di ogni atleta.

Si parte da 1.0, identificando un giocatore totalmente principiante, e si arriva fino al livello 7.0, riservato ai giocatori ormai professionisti di alto livello. Nonostante i suoi parametri ben definiti, la scala non ha una valutazione fissa bensì variabile, sulla base delle competenze che un giocatore può o meno acquisire nel tempo e in base alla sua condizione fisica al momento dell'inquadramento nel livello.

Infatti uno dei parametri più importanti per identificare il livello IPR è il coefficiente di condizione fisica, necessario per identificare tutti i giocatori che partono dal livello 3.0 fino al 7. Questo singolo coefficiente è in grado di modificare il livello IPR, che si basa esclusivamente sui parametri tecnici, abbassandoli o innalzandoli.

Tenendo conto quindi di preparazione tecnica e fisica, un giocatore può incrementare il suo livello di 0.5 punti in base a questa leggenda:

- -1: se la sua condizione fisica è scarsa;
- +1: se il giocatore è molto allenato;
- -0.5: se il giocatore è fuori forma;
- +0.5: se il giocatore è in piena forma;
- 0: se la condizione del giocatore è normale.

Facciamo un esempio: Josè è un giocatore che può rientrare, per la sua tecnica, nel livello 5; ma al momento della "misurazione" la sua forma fisica non è delle migliori. Allora il livello di Josè sarà di 4 o di 4.5.

Come anticipato il dato è variabile e volubile poiché scarso allenamento, età e sedentarietà insieme a innumerevoli altri fattori, possono rendere un giocatore preparato a livello tecnico ma carente a livello fisico; e viceversa.

Per amor di conoscenza del Padel, ecco la scala di autovalutazione IPR:

- 1.0: giocatore completamente principiante.
- 1.5: giocatore amatoriale con poca esperienza, ha preso alcune lezioni ma ha difficoltà nel controllo dei colpi e nel tenere il palleggio.
- 2.0: giocatore che ha acquisito sicurezza dal fondo campo, ma evita di andare a rete. Riscontra difficoltà nel giocare palline che rimbalzano contro il muro. Mancano i colpi speciali.

- 2.5: giocatore che comincia a controllare i colpi fondamentali. Ancora non si sente sicuro a rete, ma inizia ad andarci con maggiore frequenza. In questa fase inizia a rispondere ad alcuni rimbalzi al muro e cerca di eseguire colpi nuovi come pallonetti e smash.
- 3.0: giocatore che comincia a giocare, oltre i colpi piatti, anche con effetto. Il servizio e la risposta diventano più consistenti. La tecnica della volée è soddisfacente e riesce a giocare con più fiducia i rimbalzi contro il muro.
- 3.5: giocatore sicuro nei colpi fondamentali, esegue anche con discreto successo le volée e gioca abitualmente partite. Manca ancora il controllo sulla profondità dei propri colpi. Il primo servizio è buono, il secondo è ancora insicuro. È un giocatore di club che partecipa alla classifica sociale e ai tornei interni al circolo. Infine, riesce anche a prendere posizione in campo in conformità con il proprio compagno.
- 4.0: giocatore esperto che domina i colpi fondamentali e che inizia a sviluppare colpi come la discesa dal muro da entrambi i lati e la "Bandeja". Il gioco al volo è solido e gli smash iniziano a essere colpiti con potenza e direzione adeguata. Riscontra ancora difficoltà nei rimbalzi al muro che arrivano dalla parte del rovescio.
- 4.5: giocatore che è in grado di giocare tutti i colpi e domina le diverse fasi del gioco. Serve con precisione e commette pochi doppi falli. Le risposte sono aggressive e controllate. Ha una buona posizione a rete ma ancora commette degli errori quando spinge. Riesce a eseguire smash conclusivi facendo uscire la palla dal campo in alcune occasioni. Saltuariamente, esegue lo stop-volley. Gioca tornei federali e ottiene le prime vittorie.

- 5.0: giocatore di ottimo livello. Commette pochi errori con il rovescio e la volée, le discese dal muro sono aggressive e inizia a essere più "ordinato" in campo. Prepara i punti sfruttando le debolezze degli avversari. Si assume maggiori rischi ed è consapevole dei propri punti di forza. Ha una classifica federale di 4a categoria.

A partire dal livello 5.5 fino al livello 7.0, troviamo giocatori ormai in grado di partecipare ai tornei federali o nel World Padel Tour. Per questi giocatori, l'identificazione dei livelli è fatta in base a questi parametri:

- 5.5: è il livello di un giocatore di 3a categoria;
- 6.0: è il livello di un giocatore di 2a categoria;
- 6.5: è il livello di un giocatore di 1a categoria;
- 7.0: è il livello di un giocatore che partecipa al World Padel Tour.

Ma la classifica da sola non basta, perché i livelli e le differenze di ogni giocatore si attribuiscono anche dai seguenti parametri:

- Condizione atletica e mentale;
- Fiducia e compatibilità con il compagno;
- Numero di allenamenti settimanali;
- Numero di match disputati;
- Utilizzo di strategie adeguate.

Come capire il livello degli avversari

Capita spesso di giocare nello stesso circolo, nella stessa struttura sportiva: se giochiamo con amici fissi, dovremmo essere ormai in grado di capire il loro livello di gioco e le loro strategie. Questi incontri sono sempre interessanti perché la familiarità con l'avversario aumenta la sfida e la competizione, rendendo più facile conoscere e colpire i punti deboli dell'avversario già nei primissimi scambi. Ma se giochiamo contro avversari mai visti prima? Il nostro senso di competitività è maggiore del solito, quindi ci chiediamo: esiste un modo per ottenere un vantaggio sull'avversario? Ci sono diversi fattori da considerare quando si valutano attentamente i concorrenti nel Padel come la tecnica, la tattica, l'allenamento fisico e la forza psicologica. Diventa difficile generalizzare perché ogni partita è unica e ognuno combina questi aspetti in modo diverso. Nel frattempo è bene sapere che un buon momento per iniziare ad analizzare il livello dell'avversario è la fase di riscaldamento, negli scambi prima della partita stessa.

1. Allenamento fisico

Immaginiamo di giocare contro un avversario che si muove poco in campo e ha poca resistenza fisica. Il peso di questo aspetto è molto diverso se l'avversario è tecnicamente e tatticamente molto abile. In questo caso, supererà facilmente l'handicap fisico con un'ottima lettura del gioco, che gli permetterà di anticipare i movimenti con meno sforzo e, grazie alla sua tecnica efficiente, di commettere pochi errori. D'altra parte, il deficit tattico richiede un maggior dispendio di energie, poiché il giocatore deve muoversi e correggere molto di più a causa di una vaga comprensione delle dinamiche di gioco, e quindi è necessario un buon allenamento fisico per mantenere il gioco.

In generale, un buon programma di allenamento fisico permette di tenere meglio il ritmo del gioco e di proteggersi il più possibile da spiacevoli infortuni.

2. Tecnica

Un buon inizio di valutazione si riferisce ai colpi che l'avversario sferra e al modo in cui li sferra. Si terrà quindi conto di come esegue il dritto e il rovescio, come reagisce alle volée di dritto e di rovescio, come esegue il pallonetto e la profondità, come reagisce al muro di rovescio, come reagisce sulla parete laterale, come esce dalla parete solo in lob o anche con un'uscita dall'alto e come attacca le palline nel riscaldamento sotto rete. Testare diversi colpi sull'avversario consente di ottenere una valutazione complessiva e, soprattutto, d'individuare i colpi in cui l'avversario è meno efficace o ha seri problemi, in modo da utilizzarli durante la partita.

3. Tattica

In questo caso si osserva il comportamento dell'avversario nell'area del campo più che altro nelle prime fasi dell'incontro. Si osserva la sua scelta di tiri a fondo campo in attacco o in difesa e sotto rete sempre in attacco o in difesa, la sua capacità di leggere e reagire ai cambiamenti del gioco e la sua reazione allo spostamento a fondo campo o sotto rete durante lo sviluppo del gioco.

Si tratta di una lettura costante del gioco, che permette anche di capire quando l'avversario inizia a diventare meno fresco negli scambi e nei movimenti nello spazio.

È una valutazione che può portare voi e il vostro partner a concentrarvi di più su un avversario del gioco rispetto all'altro, la famosa Nevera (di cui parleremo a breve), a stancarlo o irritarlo di più, ad annoiare l'altro giocatore, e tutte queste sono certamente considerazioni che vi serviranno la prossima volta che giocherete.

4. Forza psicologica

È d’obbligo diventare acuti e attenti osservatori. Le domande che ci aiuteranno ad allenare le nostre capacità di osservazione sono: "Come gareggia il mio avversario?", o anche "Come reagisce nei momenti difficili?". Durante il riscaldamento si potrà osservare solo un po' in questo senso, ma sarà utile osservare la coppia nel suo complesso, come vanno d'accordo, quanto e se si conoscono, che tipo di rapporto hanno. Giocare con avversari simili è spesso un grande vantaggio quando vanno d'accordo. In generale si nota la forza psicologica degli avversari durante la partita nelle situazioni più stressanti. In una situazione di svantaggio, nei momenti cruciali, in un pareggio, in un killer point quando lo si usa, alla fine di scambi intensi spesso in questi casi chi ha più sangue freddo e calma mentale fa effettivamente il punto. La forza psicologica può essere rivelata anche da ciò che gli avversari dicono tra loro e a sé stessi durante la partita: i nostri dialoghi ci dicono molto su come ci sentiamo in quel momento, e se cogliamo un momento di sfiducia, potremo scegliere una strategia ancora più stressante. Naturalmente, possiamo anche diventare l'oggetto dell'analisi dei nostri avversari, il che rende questo gioco ancora più attraente, perché ci permette di agire secondo una strategia nella strategia.

Nel corso degli anni ho potuto riscontrare una situazione comune: spesso durante il riscaldamento molti giocatori si tengono in disparte per non dare troppo nell’occhio. Un errore, alla luce del nostro discorso. Studiare, analizzare e comprendere i movimenti dei giocatori che abbiamo di fronte è fondamentale per stare in campo in modo ottimale durante una partita. L'analisi dell'avversario facilita il processo decisionale e aumenta l'efficacia del nostro gioco. Il Padel si gioca anche con gli occhi, che sono uno strumento fondamentale per leggere, studiare e analizzare l'avversario attraverso i suoi movimenti. La decodifica, la radiografia del modo in cui utilizza il suo corpo, ci permette di formulare immediatamente una strategia, colpo dopo colpo. Non è solo un modo di stare in campo, ma qualcosa che può diventare strutturale, grazie soprattutto all'allenamento e all'esperienza: vivo questa situazione perché la so leggere, tante volte da poter anticipare il colpo a priori e mettermi in condizione di renderlo più efficace, se non decisivo. Questa analisi dell'avversario facilita essenzialmente il processo decisionale e ci permette di essere più fluidi in campo.

Esistono due scenari configurabili: reagire a una situazione o sapere cosa accadrà. Leggendo la posizione dei piedi, il tipo d'impugnatura della racchetta, il carico sulla racchetta, possiamo raccogliere una serie d'informazioni utili per preparare una decisione che deve essere rapida: quale colpo verrà giocato? Dove mi aspetto di giocare? Con quale angolazione? Dove arriverà la pallina? A quale velocità? Con quale tempistica? Queste sono solo alcune delle domande che dobbiamo trasformare in una scelta in pochi secondi. È utile sapere dove l'avversario ha giocato i colpi precedenti in una determinata situazione. D'altra parte, reagire alla situazione può significare non essere nella posizione giusta per fare il colpo migliore in quel momento.

Leggere l'avversario

Se non conosciamo il livello della persona che abbiamo di fronte e le sue caratteristiche tecniche e tattiche, dobbiamo imparare a osservare. Leggere costantemente l'avversario ci permette di assumere una posizione favorevole, non solo in campo, ma anche nell'economia generale del gioco. Se siamo nella posizione giusta e abbiamo una buona comprensione della situazione, ci muoviamo meno e meglio, risparmiando energia e trovandoci in una posizione meno stressante. Già durante il riscaldamento, valutate come gioca il dritto o il rovescio, come colpisce le volée a rete, come usa i muri o il pallonetto. Anche il livello di forma fisica e la condizione atletica durante la partita possono darci informazioni utili sui tipi di colpi che effettueranno i nostri avversari.

1. Anticipare il movimento dell'avversario

Ci sono situazioni più o meno codificate che possiamo leggere in anticipo e alle quali possiamo adattare il nostro movimento. Se un giocatore tiene la racchetta in modo che la parte anteriore sia parallela al campo, gioca un pallonetto. Se l'impugnatura è chiusa, bassa o dritta, il giocatore di solito giocherà una palla più bassa che si stacca o meno dal vetro. L'angolo dipende dalla superficie della racchetta. Il punto d'impatto e la posizione della racchetta rispetto al corpo possono fornirci informazioni utili. Se un giocatore colpisce la palla davanti a sé molto presto, è probabile che esegua un tiro cross; se colpisce la palla mentre la aspetta, è più probabile che tiri dritto, con un angolo basso.

2. Potenza e velocità

L'osservazione del lancio e della preparazione di un colpo può fornire informazioni sulla potenza trasferita alla palla e sulla velocità che le viene impressa. Un'apertura ampia significa più potenza e più velocità, mentre un'apertura più corta significa il contrario. Se la preparazione del tiro parte alta in uscita dal muro, è più probabile che ci si aspetti un contrattacco con una palla stretta, forte e veloce. Se la preparazione è bassa, è probabile che l'avversario prenda in considerazione la possibilità di giocare un pallonetto. In questi momenti, e in questo sport in generale, dobbiamo essere molto concentrati. L'allenamento e l'esperienza sono i fattori chiave per migliorare tutte queste situazioni nelle partite.

3. Tempistica

Il movimento dei piedi determina il tipo di colpo. Nella posizione chiusa, cioè quando i piedi sono paralleli alla linea di servizio, giocare il cross kick è più complicato. È più facile giocare un colpo da fondo campo in "open stance", davanti alla rete, con i piedi perpendicolari alla linea di servizio. In generale, dobbiamo allenare non solo la lettura del colpo dell'avversario, ma anche il tempismo del colpo successivo. Un primo passo importante è conoscere, o meglio prevedere, con un'alta probabilità di leggere correttamente, la traiettoria specifica, la velocità e l'angolo della palla. Il resto deve essere costruito. Aiuta anche a giocare secondo un piano tattico e a conoscere il piano tattico degli avversari. Lo stesso vale per il confronto costante con il partner: capire dove abbiamo vinto o perso punti, quali sono le nostre debolezze, quali quelle dell'avversario, quanto spesso gioca un certo colpo e di conseguenza adattarsi a una partita in cui ci sono svolte e cambi di strategia, soprattutto se le cose non vanno come ci aspettavamo.

NEVERA: cos'è, come farla e come uscirne fuori

Nel Padel con il nome NEVERA (letteralmente "frigorifero") viene indicata una strategia le cui azioni sono dirette contro il giocatore più forte della squadra avversaria. Obiettivo è tenere fermo questo giocatore, far raffreddare i suoi muscoli e impedire qualsiasi contatto con la pallina. In questo modo la coppia subisce uno squilibrio che potrebbe compromettere l'intera partita.

L'ansia e questa "sosta forzata" influenzano psicologicamente entrambi i giocatori, portandoli spesso a compiere colpi sbagliati e scelte strategiche poco adatte.

Generalmente la NEVERA può essere totale o parziale: nel primo caso, ci si concentra sempre verso lo stesso giocatore; nel secondo caso invece possiamo decidere di usare colpi verso un avversario diverso.

La NEVERA è amata e odiata allo stesso tempo dai giocatori: molti la ritengono una pratica scorretta, altri non potrebbero farne a meno. La verità è che se usata in maniera corretta, appellandoci sempre al buon senso, la NEVERA può regalare un gioco davvero spettacolare e far emergere tutta la bravura strategica dei giocatori. Se giochiamo con alcuni amici, possiamo evitare di usarla; ma se un giorno ci trovassimo di fronte due campioni del mondo, non vedo perché privarci di una così importante strategia.

Come gestire la NEVERA durante una partita

Se durante la partita siamo il giocatore che subisce la NEVERA, possiamo fare tre cose: non perdere la concentrazione, aiutare il nostro compagno di squadra e ricordarci che nelle competizioni ufficiali il limite consentito dalla Federazione è di 90 secondi (che nella NEVERA non passano mai).

È importante essere sempre preparati a qualsiasi cosa in campo, compresa la NEVERA. Dobbiamo concentrarci, non perdere la calma, mantenere il nostro controllo. Stiamo subendo un attacco veloce, complesso da gestire, ma perdere le staffe non ci farà vincere e soprattutto non aiuterà il compagno di squadra che in quel momento sta cercando di rispondere ad un colpo dopo l'altro. Perché è proprio il nostro compagno quello da aiutare: mostriamo fiducia, a parole e non, sempre ricorrendo alla famosa sinergia tra compagni di squadra. Arriverà un momento in cui potremo nuovamente entrare in partita, supportare con i fatti il nostro compagno e provare a mettere a segno il punto.

Contrastare la NEVERA: trucchi e strategia di opposizione

La NEVERA è una strategia con diversi svantaggi, che può portare a compromettere irrimediabilmente l'esito di una partita, ed è da utilizzare solo in casi davvero necessari. Inoltre è importante usarla con maestria e parsimonia e soprattutto con umiltà: il giocatore esperto sa quando è il momento d'interrompere la NEVERA, quando non sta dando l'effetto desiderato. Non dobbiamo trascurare il fatto che questa strategia ci costringe a giocare con meno campo per indirizzare la palla, il che può portare a errori se non viene fatta al momento giusto e con i colpi giusti.

Se durante una partita siamo il giocatore messo sotto tiro dagli avversari, fare appello a tutta la forza mentale e fisica è d'obbligo. Per riuscire a contrastare la NEVERA e impedire agli avversari di riproporla, possiamo mettere in atto tre strategie:

- Giocare in parallelo: sfruttando la direzione trasversale del gioco, arriverà un momento in cui saremo in grado di far giocare i nostri avversare incrociati ed è quello il momento in cui il nostro compagno potrà finalmente tornare in partita;
- Sfruttare il fondo campo: chi subisce la NEVERA rimane in fondo all'area quando l'altro va a rete perché spesso se un giocatore è a rete e l'altro a fondo campo, si è soliti colpire sempre il giocatore più lontano;

- passare la NEVERA: o quasi. Quando riusciamo a prendere in mano la situazione, trasferiamo l'azione al giocatore più debole della coppia avversaria.

Chi sono i migliori giocatori di Padel al mondo?

Sono nomi argentini o spagnoli i giocatori che compaiono nelle classifiche mondiali di Padel. La classifica in questione si determina sulla base del ranking ufficiale del World Padel Tour, ossia il circuito di tornei più prestigiosi al mondo. Nonostante il Padel sia uno sport di coppia, la classifica è stilata tenendo conto del livello individuale dell'atleta. Oggi possiamo dire che i campioni giocano sempre con lo stesso compagno, soprattutto se la squadra ha ormai collezionato diverse vittorie, ma non è raro assistere a cambi di coppie tra una stagione e l'altra.

Ma vediamo quali sono i nomi più famosi e quindi i campioni del mondo del Padel.

1. *Ale Galán*

Questo ragazzo nato nel 1996 è la promessa del Padel spagnolo, oggi numero 1 della classifica del WPT, titolo che condivide con Juan Lebron. Ale Galán è il più piccolo dei giocatori a far parte del circuito professionistico ed è stato anche eletto presidente dell'Associazione dei Giocatori di Padel. Il suo colpo è la volée. Come racchetta utilizza una Adidas Metalbone

2. *Juan Lebron*

Noto con il soprannome "il lupo" (per via dell'ululato che accompagna un colpo vincente) questo ragazzo classe 1995 è stato il primo spagnolo a diventare numero 1 nel ranking mondiale WPT, attualmente occupa il secondo posto nella classifica. I suoi colpi sono il remate, ossia lo smash, e la dejada, una palla corta tagliata. Come racchetta utilizza una Babolat Technical Viper

3. *Agustin Tapia*

È davvero l'astro nascente del Padel. Nasce nel 1999 in Argentina dov'è diventato giocatore numero 1 a soli 17 anni. Tre anni dopo batte ogni record, diventando il più giovane giocatore a vincere il Madrid Master, un torneo del WPT; record che ha continuato a infrangere confermandosi il più giovane giocatore a vincere una Master Final nel 2020. Il suo colpo è il remate. Oggi è il numero tre del mondo. Come racchetta utilizza una Nox AT10 Genius by Agustin Tapia.

4. *Sanyo Gutiérrez*

Numero quattro al mondo, questo argentino classe 1984, detto "il mago", è in grado di lasciare sempre a bocca aperta i suoi avversari. Ha vinto la classifica del WPT nel 2018. Il suo colpo è la contro parete laterale. Come racchetta utilizza una Head Graphene 360+ Alpha Pro.

5. *Fernando Belasteguín*

Definito "il Messi del Padel", il numero cinque della classifica mondiale nasce nel 1979 in Argentina ed è stato in vetta alla classifica per ben 16 stagioni consecutive. Diventa professionista a 16 anni ed è il miglior giocatore di Padel di tutta l'Argentina. È stato 5 volte campione del mondo, ed è comparso ai vertici del World Padel Tour per quasi tutta la carriera. I suoi colpi migliori sono il pallonetto, i recuperi dall'esterno e la Bandeja. Ma che racchetta usa? Una personalmente dedicata a lui: la Wilson Bela

6. *Francisco "Paquito" Navarro*

Nasce nel 1989 ed ha giocato in coppia con tutti i campioni del circuito. Il colpo che lo contraddistingue è la Bombajada, un'uscita di parete velocissima e molto tagliata. Oggi ricopre la settimana posizione nella classifica del WPT. La sua racchetta è una Bullpadel Hack.

7. *Maxi Sanchez*

Il numero 16 del WPT è noto nella sua terra natia, l'Argentina, come "El Tiburòn". Classe 1986 questo ragazzo è stato in grado di sconfiggere nel 2010 una delle coppie favorite di tutto il WPT: Belasteguin-Diaz. Il suo colpo è il remate. Come racchetta utilizza una Kuikma PR 990 Hybrid Hard.

8. *Pablo Lima, il lottatore*

Classe 1986, Brasile, numero 11 nella classifica del WPT. "Il lottatore" ha giocato in campo con i migliori di tutto il circuito grazie al suo gioco solido e ben strutturato. Il suo colpo è lo smash x3. Come racchetta utilizza una Dropshot Canyon.

Capitolo 8

Le Tecniche per i Principianti

Molti diranno che giocare a Padel è semplice, ed è una frase sono certo abbiate sentito almeno una volta (anche più di una), essere pronunciata da uno pseudo esperto e potreste averla sentita sui social media o direttamente sul campo da Padel stesso. A dire il vero, credo che la frase sia vera, ma solo in parte.

È sicuramente uno sport più facile di molti altri, ma questo non significa che diventeremo subito dei campioni. Non significa nemmeno che non ci sia spazio per i miglioramenti: raggiunto un certo livello non si può andare oltre? Assolutamente non è così, nel Padel si può sempre migliorare. Si può migliorare in tutti gli sport: con la pratica e la dedizione si possono raggiungere livelli che all'inizio non ci si aspettava.

I nostri capitoli finali tratteranno proprio di questo argomento: quali sono i metodi, i trucchi, i consigli e gli esercizi adatti a qualsiasi livello di gioco nel Padel? Cosa deve fare un giocatore alle prime armi per migliorare? E quali sono le tecniche da padroneggiare per i giocatori esperti?

Ma prima di tutto mi preme sottolineare un aspetto che purtroppo, sto riscontrando in tanti giocatori di Padel, o aspiranti tali. Molti giocatori, soprattutto a livello amatoriale, giocano tre o quattro partite a settimana, come se dovessero sempre essere in partenza per un torneo. Loro potrebbero dire che si allenano, ma in realtà non è così. L'allenamento è tutt'altra cosa: l'allenamento è fondamentale in qualsiasi disciplina, perché senza di esso non è possibile costruire la propria tecnica, la propria velocità e il proprio modo unico e significativo di giocare. Andremo ora a trattare i consigli e le tecniche per migliorare il proprio livello di gioco abbinati a esercizi pratici per spingere ancora di più la tua tecnica e la tua forza.

Consigli e tecniche per migliorare il livello di un Principiante (livello 1/2)

Hai appena iniziato a giocare o hai da poco deciso di prendere lezioni di Padel. Il tuo livello è quello di un principiante, anche se hai giocato per anni a tennis. Sicuramente in quest'ultimo caso potrai essere maggiormente in vantaggio, ma non sempre sarà un punto a favore. Esistono diversi consigli e tecniche per migliorare il livello di un principiante che rientra nei punteggi 1 e 2. Maestri e insegnanti hanno tutti tecniche e approcci diversi, ma quelli che voglio farti conoscere sono suggerimenti che non conoscono approcci d'insegnamento differenti, in grado di farti apprezzare davvero il gioco, farti appassionare, permetterti di migliorare e riuscire a raggiungere i livelli successivi.

1. *Mentalità*

È ovvio che la mentalità vincente di un atleta e di un giocatore è la forza trainante di tutte le vittorie che può ottenere in una carriera. Non è solo una mentalità da avere prima di una partita, ma è uno stato da avere sempre. Lungi da me elencare un numero infinito di note frasi motivazionali: preferisco fornire alcuni consigli da utilizzare per migliorare nel gioco.

Non credo che i consigli siano lontani dalla mentalità che si deve avere in qualsiasi sport, ma è sempre meglio ripeterli ed essere chiari al riguardo. Prima di tutto, è necessario porsi un obiettivo: come accade nella vita, il primo passo è fissare un obiettivo chiaro che si vuole raggiungere. Dobbiamo capire se vogliamo giocare a Padel per divertimento o perché la nostra carriera è importante per noi. Pertanto, il modo di pensare sarà diverso in entrambi i casi. Nel primo caso non ci si lascia pungere dalla sconfitta, né ci si migliora per ottenere sempre un risultato. Inoltre, nei momenti più ansiosi, potremmo non riuscire a calmarci perché non siamo abituati a certe situazioni. Nel secondo caso, invece, tutto questo sarà possibile.

Un altro consiglio che posso dare è quello di cercare i nostri punti di forza o le nostre risorse e fare affidamento su di essi. La nostra mentalità deve essere orientata all'utilizzo di armi vincenti. Allo stesso tempo, è necessario allenare i propri punti deboli. Rimanere sempre in una zona di comfort in cui solo questo modo di giocare è adatto a noi, non darà i suoi frutti: in questo caso, è necessario creare una mentalità forte che ci aiuti a trasformare i colpi sbagliati in colpi forti.

2. *Compagno affidabile*

Proviamo a porci questa domanda e a proporci anche una soluzione: "Cambierei mai il mio compagno di gioco?". Spesso la risposta è secca, perché ci piace la persona con cui siamo abituati a giocare. Il comfort che deriva dal sapere come giocare, i punti di forza e anche le debolezze del vostro partner di doppio, rende la vittoria unica. Tuttavia tutto questo non è vantaggioso nel lungo periodo. Se conosciamo il nostro partner in modo completo ed esaustivo, potremmo non avere alcun margine di miglioramento. D'altra parte conoscere altre persone, giocare ed entrare in empatia con loro nello sport sarà stimolante ed arricchirà tutta la nostra conoscenza del gioco. Lo stesso vale per i nostri avversari: è altrettanto importante cambiare avversario.

Dovremmo avere una conoscenza più ampia dei limiti e dei punti di forza dei nostri avversari: pertanto è sempre possibile giocare con coppie diverse o cambiare partner per essere ancora più versatili.

In sintesi: è vero che bisogna trovare un partner affidabile, ma bisogna sempre cambiare e migliorare. Un ulteriore consiglio che vorrei dare: cerchiamo anche di cambiare lato del campo e posizione. Oltre a cambiare avversari e partner, è utile non rimanere nella stessa posizione e spostarsi costantemente a destra e a sinistra. I motivi possono essere diversi, come ad esempio ottenere una prospettiva diversa o provare le inquadrature da diverse angolazioni.

3. *Vedere video e partite dei campioni del Padel*

L'apprendimento non è solo studio e pratica. Contrariamente a quanto si crede e a differenza di altri sport, assistere a una partita di Padel può essere molto istruttivo. Probabilmente avete guardato qualche partita per curiosità o anche solo per divertimento, ma sappiate che se volete davvero migliorare in questo sport, dovete iniziare a guardarle in modo diverso. Bisogna osservare i giocatori e gli incontri prestando attenzione ai dettagli. Ad esempio si può osservare come un giocatore colpisce la palla con la racchetta, come esegue un servizio o un rovescio. Naturalmente, vedere non significa essere in grado di fare: tutto ciò che vedete dovrà essere messo in pratica. Oltre alle partite già disputate dai vari campioni, si possono trovare anche utili consigli e lezioni dei più grandi giocatori italiani degli ultimi tempi.

4. Pensare sempre positivo

La mentalità è importante, ormai dovrebbe essere un concetto chiaro: nello sport, anche a livello amatoriale, senza la giusta mentalità non sarà neanche divertente giocare. Oltre a sfruttare al meglio i nostri punti di forza e a eliminare le nostre debolezze, dovremmo cercare sempre di rimanere positivi. Cercherò di spiegarmi meglio: dicendo "pensa sempre positivo" voglio incoraggiare il giocatore neofita a non sentirsi mai dispiaciuto per sé stesso. Questo vale per tutti gli sport e anche nella vita reale. Ma giocare a Padel è ciò con cui si vuole passare la maggior parte del tempo? Per questo bisogna essere positivi sia in partita che in allenamento. Non importa se si commettono errori o si fallisce, l'importante è progredire sempre. Non pensiamo a problemi personali o professionali, ma a giocare un buon Padel e a dare il meglio di noi stessi. Oltre a essere una motivazione per noi, questo ci sarà molto utile anche nelle competizioni. Gli avversari che vedono che siamo fuori forma o disorientati, ne approfitteranno per guadagnare più punti possibili. Per ricordare un famoso detto, con un atteggiamento negativo saremo causa del nostro stesso male.

Il nostro obiettivo non è solo vincere ma imparare e migliorarsi e quando non vinciamo, impareremo comunque qualcosa da noi stessi e dagli altri. Il miglior consiglio che posso dare è di pensare sempre in modo positivo e di non lasciarci condizionare dalle delusioni.

Quanto tempo ci vuole per riuscire a giocare bene a Padel?

Il giocatore in erba si farà questa domanda dopo i primi allenamenti ed è assolutamente normale chiedersi quando si imparerà a giocare bene a Padel. La risposta è che dipende. Partiamo da un concetto che probabilmente sembrerà ovvio, ma che non lo è: cosa significa veramente giocare bene a Padel? Posso dare una definizione, ma di solito si pensa che giocare bene sia sinonimo di vincere o colpire bene. Il concetto non è sbagliato, perché un grande gioco porta sicuramente a buoni risultati, e i buoni risultati derivano anche da grandi colpi. Un buon gioco di racchetta può significare il raggiungimento di un livello tale da poter eseguire un colpo studiato. Un colpo nella giusta direzione, con la giusta potenza, con la giusta pressione e con l'intenzione di mettere in difficoltà l'avversario. Arrivare a quel livello non è facile, ma si può certamente raggiungere giocando di più e migliorando il proprio livello di esperienza. Con il passare del tempo sarà naturale poi voler cambiare la propria racchetta, per scegliere una più adatta alle nuove competenze, come abbiamo visto leggendo il capitolo dedicato all'attrezzatura.

Gli errori da non commettere quando si gioca a Padel

Va detto subito che il Padel viene spesso confuso dai neofiti con il tennis, soprattutto da chi pratica entrambi gli sport. Il Padel e il tennis sono diversi, anche se simili, avendo ciascuno le proprie regole e tecniche. Per i principianti e per chi viene da una mentalità strettamente legata al tennis, non sarà raro trovarsi di fronte a possibili errori che ho qui riassunto:

1. Errore d'impugnatura: molti aspiranti giocatori commettono l'errore di tenere la racchetta da Padel in alto. In realtà si tratta di un'impugnatura scorretta: l'impugnatura corretta è la cosiddetta impugnatura "Continental" o a "martello". Grazie a questa impugnatura è possibile colpire la palla in modo più ripetuto ed efficiente.

2. Movimenti più veloci: un'altra tecnica sbagliata che non dovrebbe essere ripetuta nel Padel è quella di non perdere

troppo tempo tra un colpo e l'altro, come nel tennis. Il campo da Padel è più piccolo, sono necessari movimenti veloci con tempi di reazione quasi istantanei.

3. Il momento dell'attesa: tenere la racchetta troppo bassa, un attimo prima che arrivi la palla? Completamente sbagliato. Come già detto, il campo da Padel è piccolo e la reazione deve essere veloce, quindi la racchetta deve essere sempre all'altezza del corpo per colpire la palla il più velocemente possibile.
4. La giusta mentalità: sì, voglio ripeterlo. Dimentichiamo i pensieri, entriamo in campo concentrati e con la giusta mentalità. Qualsiasi distrazione non ci permetterà di giocare con calma e nemmeno in modo efficace. E cerchiamo sempre di non irrigidire il corpo.
5. Feeling con il partner: cerchiamo d'instaurare un rapporto amichevole con il nostro partner, non creiamo tensioni o discussioni inutili perché questo non farà altro che farci perdere la partita. Cerchiamo un punto di accordo e creiamo l'atmosfera che ci permetterà di raggiungere un livello di massima concentrazione.

3 esercizi pratici per migliorare il tuo livello

Ci sono molti esercizi che si possono utilizzare per allenare il tuo livello da principiante nel Padel: che siate esperti o principianti, alcuni di essi vi diventeranno familiari se li imparerete correttamente. Nelle prossime righe spiegherò alcuni esercizi che possono aiutarvi a migliorare il servizio e i riflessi nel gioco.

La prima cosa da fare sarà sicuramente quella di lavorare per migliorare il servizio. Proprio come nel tennis, il servizio è il punto di partenza e può determinare il destino di una partita. Quasi non sembra, ma se si vuole vincere un punto, un servizio eccellente e difficile è un fattore molto importante per mettere a terra ogni avversario. Esistono dei trucchi che possono essere trasformati in esercizi per migliorare il servizio:

1. La posizione del corpo e i colpi a effetto

Una posizione adatta sia alla regolamentazione che al miglior servizio può darvi un vantaggio significativo. La posizione migliore è quella in cui la racchetta è leggermente aperta verso l'esterno, i piedi sono allineati verso il piatto e il braccio è allineato con la spalla. Quando la palla viene lasciata cadere dall'altezza delle spalle, avrà il giusto rimbalzo per offrire un ottimo servizio.

È un po' più difficile da implementare se si è alle prime armi. Tuttavia è possibile mettere l'avversario in svantaggio per la riposta con un colpo a effetto. Ci vuole molta pratica e all'inizio si sbaglierà, ma poi diventerà una costante. Gli effetti speciali della palla, come la rotazione inversa, ci aiuteranno a guadagnare campo per vincere a rete e a difenderci in caso di attacco avversario. Questo dipende anche in gran parte dalla racchetta che sceglieremo come compagna di gioco.

2. Conosci il tuo avversario

Non tutti gli avversari sono uguali, ognuno di noi ha un punto debole, che si può scoprire testando i propri servizi. In questo modo farete molte prove per scoprire quale sarà il più dannoso per il vostro avversario e quale vi aiuterà a fare meglio in futuro.

3. *Migliorare i riflessi*

Gli esercizi che sto per mostrarvi saranno utili per migliorare i vostri riflessi con la racchetta. Sono esercizi che si possono fare benissimo a casa su qualsiasi parete. Vediamoli:

- Il primo esercizio per accelerare i riflessi consiste nel posizionarsi tra due pareti e lanciare la palla in modo che rimbalzi prima da un lato, poi sul pavimento e infine dall'altro. Quando la pallina colpisce l'altro lato è possibile colpirla con la racchetta per continuare il ciclo precedente. È più difficile da dire che da fare, ma servirà sicuramente allo scopo.
- Simile al primo esempio, ma questa volta la paletta farà il doppio del lavoro. Fate rimbalzare la palla sul muro e usate la racchetta per farla rimbalzare sull'altro lato del muro. In questo modo migliorerete i riflessi sul servizio e sul rovescio.
- Anche in questo caso è possibile posizionarsi tra due pareti, ma è consigliabile che lo spazio in cui si deve colpire sia più stretto. In questo modo dovrete colpire la palla con maggiore velocità. Poi fatelo rimbalzare da un lato all'altro e colpitela di nuovo. Si tratta di un esercizio rapido, ma forse il più efficace dei tre appena citati.

Capitolo 9

Le tecniche per i giocatori di livello Intermedio (livello 3/4)

Dopo un periodo d'immersione totale nel Padel, per molti potrebbe essere arrivato il momento di tirare le somme e valutare a che punto si è arrivati in termini di stile, tecnica e modo di stare in campo. Prendiamoci quindi il tempo di riflettere su alcune domande prima di riprendere in mano la racchetta.

La prima domanda che dobbiamo porci è se siamo giocatori solidi, che commettono pochi errori e tengono bene lo scambio con gli avversari, oppure se ci si lascia trasportare, si forza l'errore e si gioca in modo aggressivo. Quindi: quanti errori non forzati facciamo in una partita? E perché? Un'altra domanda: pensiamo ancora che il giocatore sul lato destro del campo debba sempre restituire la palla in campo, mentre il giocatore sul lato sinistro del campo può permettersi di fare errori gratuiti e cercare di concludere il punto? Secondo la maggior parte degli allenatori del World Padel Tour, il tour più importante al mondo per i professionisti, non è esattamente così. Il gioco è diventato molto più veloce e dinamico grazie allo sviluppo della tecnologia e dei nuovi materiali utilizzati nelle racchette e nelle palline da Padel. Questo non si riflette necessariamente in un sillogismo: più velocità, più potenza, una maggiore percentuale di punti chiusi. Chi commette meno errori avrà maggiori possibilità di vincere, è l'istruzione degli allenatori spagnoli. Ecco perché i due concetti fondamentali del Padel sono la resistenza e la forza. Diventiamo giocatori abili solo quando l'altra squadra vede in noi sicurezza, solidità e resistenza. L'arma vincente nel Padel è quindi quella di riuscire a ridurre il numero di errori non forzati, di tenere la maggior parte delle palle in campo e di concludere il punto solo quando se ne presenta l'occasione, anche se gli scambi diventano tanti.

Il primo passo è aspettare pazientemente che gli avversari si rivelino e giocare pallina per pallina in modo lucido. Per la chiave tattica, crescere nel ritmo o semplicemente cambiarlo per poi chiudere in modo spietato e sfruttare anche la nostra forza.

Possiamo sfruttare un altro concetto, appreso dai campioni del Padel: spesso siamo tentati di emulare i colpi e le giocate che vediamo in TV o nelle spettacolari partite disputate al World Padel Tour. Solo dopo anni di duro allenamento quei giocatori hanno raggiunto una tale padronanza della tecnica. Quindi non bisogna avere fretta ma cercare di seguire la crescita passo dopo passo, senza forzare colpi spettacolari che possono solo portare al fallimento o irritare il nostro partner. Non dimentichiamo mai che a giocare a Padel siamo in due.

Sono molte le situazioni che si presentano durante una partita di Padel: col tempo dovremo essere in grado di leggerle, di capire quando rallentare il ritmo, quando accelerarlo, a chi e come giocare determinati colpi. Non dobbiamo sottovalutare il nostro stato fisico e mentale prima dell'inizio di una partita.

Nel Padel è necessario controllare la palla in diverse situazioni di gioco, saper difendere sfruttando il muro, cambiare il ritmo e la direzione del tiro e interpretare il gioco. Ora: qual è l'obiettivo quando ci alleniamo o partecipiamo ai tornei? Federale o sociale? Siamo in grado di eseguire perfettamente il banjo e la Vibora e di capire i momenti in cui usare l'uno o l'altro? Quante palline, una dopo l’altra, siamo in grado di giocare in difesa senza commettere errori? I nostri colpi sono profondi? I nostri colpi sono efficaci?

+ 3 esercizi pratici per migliorare il tuo livello

Un giocatore di livello intermedio è in grado di eseguire un diritto potente e controllato, un rovescio più pulito, risponde ai rimbalzi, non teme i pallonetti e riesce a respingerli. Il suo controllo è ormai a un buon livello, mentre la potenza potrebbe ancora essere carente. Per cercare di migliorare l'aspetto tecnico, e provare a dare una scossa alla potenza dei colpi, suggerisco di provare a eseguire questi esercizi pratici fin dal prossimo allenamento.

1. Controllare la pallina

Il primo esercizio riguarda il controllo della pallina. Saper controllare quella piccola sfera gialla è il modo migliore per riuscire a dare potenza e profondità a ogni colpo, un aspetto assolutamente importante e necessario da padroneggiare. Il modo migliore per migliorare è ridurre la velocità e migliorare la precisione negli spazi stretti. Per l'esercizio sono necessarie due pareti abbastanza vicine ma non troppo, e questo è tutto. L'esercizio consiste in una sorta di uscita a muro continua, sia di dritto che di rovescio, cercando di piegare correttamente le gambe e mantenendo costante la velocità della palla, così come il punto d'impatto e la direzione della palla. Se si colpisce più forte o più lentamente solo per un momento, l'esercizio diventa impossibile, quindi il controllo è fondamentale. Ancora di più nell'ultima parte dell'esercizio, quando sono stati effettuati alcuni contrattacchi. Più a lungo la palla rimane in gioco, più l'esercitazione è utile e meglio eseguita.

2. Tutto al volo... O quasi!

Il secondo esercizio potrebbe rivelarsi più complesso, soprattutto per un giocatore appena entrato nel livello intermedio. Tutto deve essere fatto in tempo e richiede mani, velocità e coordinamento. Il giocatore deve posizionarsi a metà strada tra due pareti e iniziare a colpire un rimbalzo dopo l'altro, prima di dritto contro una parete e poi di rovescio contro la parete opposta, cercando di non far cadere mai la palla. All'inizio sembra molto complicato, ma man mano che l'esercizio diventa sempre più preciso da una prova all'altra, diventa quasi automatico. È comunque complicato perché una palla colpita male, troppo veloce o troppo lenta, può influenzare la palla successiva e così via. Ma è proprio questo che la rende particolarmente utile: nel Padel non si ha quasi mai a che fare con due palle identiche, quindi bisogna sapere come gestirle tutte, e soprattutto deciderlo rapidamente. Anche in questo caso la precisione è fondamentale: non bisogna esagerare, pur mantenendo una velocità elevata.

3. Immaginazione e traiettorie

Il terzo esercizio è di gran lunga il più difficile, perché richiede pazienza, cervello e la capacità di ripetere più volte lo stesso identico movimento quasi fino allo sfinimento. La geometria è fondamentale nel Padel, in quanto è cruciale capire in anticipo dove finirà la palla in relazione al suo rimbalzo contro la parete, e questo esercizio può aiutare ad apprendere alcuni elementi geometrici. Si svolge in un campo da Padel, in una palestra, in un campo da tennis o utilizzando anche un campo da beach tennis. L'importante è riuscire ad avere oltre la classica racchetta da Padel, una da tennis e una da beach tennis, insieme alle relative palline.

Scopo dell'esercizio è riuscire a riprodurre i colpi del Padel, anche quelli più complessi, con le racchette e le palline differenti: il cambio di attrezzatura modifica il comportamento e la velocità della palla, e con esso la velocità di movimento, il ritmo da mantenere, il punto d'impatto e così via. Molto difficile e faticoso soprattutto se non si riesce a tenere la palla in gioco per più di due o tre colpi, ma molto gratificante e d'aiuto. Un esercizio che stimolerà non solo il cervello, ma potrà essere utile per allenare la motricità fine e il coordinamento tra l'occhio e la racchetta.

Capitolo 10

Le tecniche per i giocatori di livello Avanzato

Trattandosi di uno sport con movimenti rapidi e improvvisi, il giocatore di Padel a livelli avanzati, anche professionisti, ha ormai piena conoscenza di colpi, tecniche, letture strategiche e non solo. A questi livelli diventa più complesso il lavoro dei preparatori atletici che supportano questi campioni: il Padel, come altri sport, è caratterizzato da movimenti laterali, cambi di direzione, brevi sprint e movimenti improvvisi. Si rende quindi necessario un buon allenamento della parte inferiore e superiore del corpo dal punto di vista fisico e atletico poiché il Padel sollecita tutte le articolazioni degli arti inferiori, come caviglie, ginocchia e anche.

Come il tennis, il Padel è uno sport asimmetrico che utilizza un solo braccio quindi gli estensori e i flessori degli avambracci devono essere ben allenati per evitare l'epicondilite. Questo è il tipo di allenamento mirato che i professionisti del World Padel Tour fanno ogni giorno e prima di scendere in campo.

Lo stretching prima e dopo la partita è fondamentale. Questo aspetto viene spesso trascurato per pigrizia o negligenza, ma è un aspetto da tenere ben presente, proprio per proteggere il proprio corpo. Tra gli esercizi da eseguire prima di scendere sul campo da non dimenticare sono gli esercizi relativi alle capsule anteriori e posteriori dell'articolazione della spalla.

Infine, oltre allo stretching, è importante completare la fase di riscaldamento con esercizi di rafforzamento dei muscoli sollecitati nei tre piani di movimento. Il giocatore esperto non si limita ai movimenti di allungamento e flessione, ma si concentra anche sulla simulazione dei movimenti che eseguirà in seguito sul campo da Padel: rotazione e inclinazione. Si tratta di torsioni dell'avambraccio che simulano le bracciate, prima senza la racchetta, poi con la racchetta in mano. Per completare la fase di riscaldamento pre-partita, ci si cimenta in un'esercitazione classica di dribbling con un avversario.

Per ottenere un buon risultato è importante dotarsi, ad esempio, di un elastico, in quanto offre una resistenza adattiva, cioè restituisce la forza esercitata dal giocatore senza sovraccaricare lo sforzo fisico.

Oltre allo stretching, per riscaldare le gambe sono utili brevi corsette, inizialmente a ritmo blando, poi a ritmo più sostenuto, salti sul posto, magari con l'aiuto di una corda, e infine piccoli sprint.

La maggior parte dei giocatori, soprattutto a livello amatoriale e non agonistico, lascia il campo senza fare stretching dopo una partita. È un errore comune, ma lo stretching alla fine della partita è sempre consigliato.

Bisogna imparare a conoscere il proprio corpo e saperlo ascoltare, sempre.

+ 3 esercizi pratici per migliorare il tuo livello

Il giocatore arrivato al livello avanzato ha un diritto perfetto, il controllo totale del servizio, lo contraddistingue una volée aggressiva e un rovescio davvero potente. Più sale di livello e maggiore sarà la sua capacità di guardare agli incontri, pianificare strategie di gioco, uscire e ribaltare situazioni compromesse in una partita. Per i neofiti questa breve descrizione potrebbe significare che un giocatore Avanzato non ha alcun bisogno di migliorare. Se si pensa a questo, non è chiaro cosa significhi davvero giocare a Padel o qualsiasi altro sport.

Allenamento, costanza, mentalità: tutto serve per migliorare e migliorarsi, continuare a imparare e crescere.

Esistono sessioni di allenamento con la racchetta che possono migliorare il gioco e allenare praticamente ogni parte del corpo, dai riflessi alla visione periferica, fino allo sprint e alle prestazioni fisiche. Questi elementi sono molto importanti perché sono essenziali per ottenere buoni risultati.

L'allenamento per questo sport, come per tutti gli altri, è da un lato specifico, ma naturalmente alternato a una preparazione atletica generale, soprattutto per chi ha già esperienza agonistica, essendo il Padel uno sport relativamente regolamentato, ma non va sottovalutato lo sforzo fisico richiesto, che naturalmente varia a seconda del livello di gioco, e anche per questo non si può generalizzare. Quando ci si allena a livello agonistico, è normale essere in ottima forma fisica, poiché ogni atleta ha bisogno di avere qualità importanti, a partire dalla resistenza, tenendo conto che il Padel è un gioco più dinamico, con scambi spesso lunghi e c'è una differenza nell'approccio che abbiamo allo sforzo fisico. A tal fine, è necessario eseguire i consueti esercizi che si eseguono per qualsiasi sport, ovvero la corsa e il salto della corda, la cyclette e tutti gli esercizi aerobici sono ottimi, in quanto sono anche molto utili per migliorare la durata dello sforzo fisico e, come nel caso della corda, per migliorare i riflessi. È meglio fare questi esercizi all'aria aperta, in modo da rilassare la mente. Il dodgeball è utilizzato in molti sport che richiedono concentrazione e tattica e possiamo assicurarvi che molte squadre di calcio di alto livello lo utilizzano per allenare i riflessi e migliorarli, e questo è ancora più vantaggioso se si aumenta la velocità, in modo che l'abilità acquisita con questo allenamento possa essere trasferita al gioco. Si noterà un miglioramento dei riflessi durante il gioco.

Un altro elemento da allenare è la visione periferica, che è molto importante in sport come il tennis e il Padel, in quanto è necessario anche quando le palline sono generalmente fuori dal campo visivo. In questo sport è molto importante perché si utilizza praticamente tutto il campo e queste ottiche porteranno immediatamente grandi miglioramenti nel vostro gioco.

Ed ecco allora 3 esercizi in grado di migliorare anche il livello più alto: quello dei futuri campioni.

1. Colpi a rimbalzo

Questo esercizio permette di colpire la pallina al vetro, al muro o alla griglia e può essere applicato per il diritto, il rovescio e per entrambi anche in spostamento.

- Diritto: dalla linea del servizio, si esegue il diritto a rimbalzo sul vetro; da 2m dietro la linea del servizio, si esegue il diritto a rimbalzo sul vetro; da 4 m dietro la linea del servizio, si esegue il diritto a rimbalzo sul vetro.
- Rovescio: dalla linea del servizio, si esegue il rovescio a rimbalzo sul vetro; da 2m dietro la linea del servizio, si esegue il rovescio a rimbalzo sul vetro; da 4 m dietro la linea del servizio, si esegue il rovescio a rimbalzo sul vetro.
- Diritto e rovescio: si eseguono da 3m dietro la linea del servizio.
- Diritto e rovescio in spostamento: si parte dal lato del campo e si va in avanti verso l'altro lato del campo colpendo la pallina di diritto 2 volte su ogni vetro; poi si colpisce con un solo colpo su ogni vetro. Si parte dal lato del campo e si va indietro verso l'altro lato del campo

colpendo la pallina di diritto 2 volte su ogni vetro; poi si colpisce con un solo colpo su ogni vetro. Si parte dal lato del campo e si va in avanti verso l'altro lato del campo colpendo la pallina di rovescio 2 volte su ogni vetro; poi si colpisce con un solo colpo su ogni vetro. Si parte dal lato del campo e si va indietro verso l'altro lato del campo colpendo la pallina di rovescio 2 volte su ogni vetro; poi si colpisce con un solo colpo su ogni vetro. Dall'angolo del campo si colpisce prima sul vetro di fondo e poi sul vetro laterale prima di diritto e poi di rovescio.

2. *Colpi al volo e colpi sopra la testa*

Questo esercizio permette di allenare la volée e lo smash.

- Volée: prima si colpisce la volée di diritto da vicino, poi dalla linea bianca, poi si alterna una volée da vicino e una dalla linea bianca. Si colpisce la volée di rovescio da vicino, poi dalla linea bianca, poi si alterna una volée da vicino e una dalla linea bianca. Vicini al vetro si colpisce la volée o di diritto o di rovescio stando attenti a non muovere i piedi. Infine posizionandosi dall'angolo del campo, si colpisce una volée sul primo vetro di fondo e poi sul vetro laterale.
- Smash: si colpisce mini-smash da vicino al vetro e si blocca la pallina dopo ogni colpo; si ripete l'esercizio per un numero indefinito di volte.

3. *Esercizi di allenamento funzionale*

Infine ci sono diversi esercizi utili per la prevenzione fisica in fase di preparazione atletica, presi direttamente dalle panchine dei più grandi campioni.

- Capsula posteriore della spalla: estendere il braccio sotto il mento e cercare di avvicinarlo il più possibile al petto.
- Capsula anteriore della spalla: appoggiare il braccio su una superficie verticale, come un'asta, e cercare di lasciarlo dietro il corpo ruotando il busto.
- Estensione delle spalle: ruotare le braccia contemporaneamente e poi alternativamente (questo esercizio è noto come “scioglispalla").
- Per allenare le gambe: skip alto, skip basso, calciata, sprint e cambiare direzione avanti e indietro, aumentando gradualmente la velocità degli esercizi.

Conclusione

È nato come fenomeno di massa e oggi non si può negare che sempre più persone praticano questo sport per semplice divertimento o per sentirsi alla moda. La Padelmania è un virus trasversale che contagia tutte le età e si diffonde su larga scala. Lo confermano i dati della Federtennis e di altri sport. Basta guardarsi intorno per vedere la crescita sproporzionata dei campi da Padel. Diventare un giocatore non è affatto difficile e porta indubbi benefici, ma chi intraprende questa disciplina è sempre guidato da una domanda: perché giocare a Padel?

Oltre al fenomeno di massa, c'è un motivo ben preciso che spinge sempre più persone a praticare questo sport: i suoi vantaggi e benefici. Le ragioni per giocare a Padel sono davvero molte e tutte legittime. Alcune sono più ovvie, altre meno, ma ugualmente importanti. Alla domanda perché giocare a Padel si può rispondere brevemente in diversi modi.

È sicuramente uno sport accessibile a tutti, che coinvolge tutti e può essere praticato da tutti, grandi e piccoli, donne e uomini. I giocatori di Padel possono avere qualsiasi età: si può iniziare da bambini e riprendere la disciplina da anziani. Perché? Semplice. Il divertimento è garantito, a prescindere dall'età e dal livello di gioco. Anche un principiante può portare la palla dall'altra parte della rete. A causa della sua recente popolarità, molti giocatori sono principianti. Trovare compagni di squadra dello stesso livello non sarà così difficile.

È ormai risaputo che il Padel è uno sport che fa bene al nostro corpo. Quando palleggiamo, si attivano e si allungano diversi muscoli del corpo. Le gambe e i glutei sono costantemente sollecitati e lavorano duramente, mentre le braccia hanno il compito di colpire la palla e guidarla. I muscoli addominali vengono rafforzati anche senza accorgersene. È uno sport aerobico che aiuta a bruciare calorie e quindi a perdere peso. Anche l'elasticità e la forza muscolare trarranno beneficio dal Padel. Al termine di una partita impegnativa, avremo bruciato circa 500 calorie. Cercate di fare uno sforzo più lungo alla fine di un allenamento o di una partita: il corpo continuerà a bruciare grassi anche a riposo. Infine il Padel è in grado di contribuire e aiutare l'attività cardiocircolatoria e cardiovascolare e beneficia del lavoro aerobico.

Ma non solo corpo: il Padel fa bene anche alla nostra mente. Maggiore agilità e reattività non significano solo un migliore benessere fisico. Anche il cervello viene rinvigorito da una buona partita di Padel. L'esercizio fisico rilascia endorfine nel cervello, fondamentali per combattere la depressione e aumentare la fiducia in sé stessi. Il Padel coinvolge più muscoli, ma gli sforzi non sono così forti. Questo migliora la qualità del sonno, l'umore e la gestione dei ritmi quotidiani.

Il Padel aiuta anche a socializzare. È fondamentale soprattutto per i bambini che possono partecipare alla formazione di squadre e migliorare il loro livello, ma è anche uno sport utile per gli anziani. Il gioco è interessante e divertente, favorisce la socializzazione grazie al gioco a coppie e crea un terreno fertile per le relazioni interpersonali.

Piace poi perché costa poco, rispetto ad altri sport magari più popolari in Italia ma indubbiamente più costosi (come il tennis). Il costo dell'affitto di un campo da Padel è basso e deve essere diviso tra quattro giocatori. Che si giochi occasionalmente o più frequentemente, insomma, non mette a rischio il nostro portafoglio.

Arrivati alla fine di questo percorso spero di esser riuscito a togliert qualsiasi dubbio sul Padel. Ora conosci il regolamento, i colpi, la struttura dei campi, sai quali attrezzi utilizzare, come capire gli avversari e come approcciarti al gioco.

Non ti resta altro da fare che prenotare un campo, trovare alcuni amici, metterti delle scarpe adatte, acquistare la tua prima racchetta e sei pronto per diventare a tutti gli effetti un CAMPIONE di Padel.

Il Glossario del Padel

Imparare un nuovo sport significa anche conoscere tutti i termini usati in campo (e anche fuori). Alcuni colpi prendono il loro nome direttamente dalla madre patria del Padel, altri invece dal tennis. Ma se hai assistito almeno una volta a una partita, potresti aver sentito termini di cui ignori il significato. Ecco allora il glossario del Padel che ti permetterà di conoscere tutta la terminologia ufficiale di questo sport e sapere finalmente di cosa stanno parlando in campo i tuoi avversari o il tuo istruttore.

Backspin: è un colpo a effetto con cui si taglia la pallina; questa rimane bassa quando rimbalza e tende a cadere verso la rete.

Bandeja: è uno dei colpi più comuni nel Padel, simile allo Smash nel tennis.

Canna/Cañon: è la parte inferiore della racchetta, quella che ospita la tipica cordicella che si attacca al polso di ogni giocatore.

Carbonio: nel Padel il carbonio è il materiale utilizzato per la costruzione degli elementi strutturali della racchetta, sfruttando i suoi vantaggi come la resistenza e la rigidità.

Contro parete / Contropared: è una situazione in cui la palla viene colpita contro il muro del nostro campo in modo che, dopo il rimbalzo, finisca nel campo opposto.

Doppia parete aperta / Doble Pared Que Abre: dopo aver rimbalzato sul campo, la pallina rimbalza prima contro la parete laterale (destra o sinistra) e poi contro la parete di fondo prima di essere colpita dal giocatore.

Doppia parete che chiude / Doble Pared Que Cierra: è un colpo della pallina che, dopo essere rimbalzata sul campo, rimbalza prima contro la parete di fondo e poi contro la parete laterale (destra o sinistra) prima di essere colpita dal giocatore.

Doppio tocco / Doble Toque: si verifica quando la pallina colpisce la racchetta due volte nello stesso movimento.

Doppia parete / Dobles Paredes: è una situazione di gioco in cui la palla rimbalza su due pareti prima di colpire la racchetta.

Effetto / Efecto: è il cambiamento della traiettoria che la pallina subisce quando viene colpita in un determinato modo.

Effetto laterale / Efecto Lateral: è la rotazione della pallina a destra o a sinistra.

Effetto magnus / Efecto Liftado / Top Spin: è il movimento rotatorio verso l'alto della pallina.

E.V.A. / Etilene Vinil Acetato: è una gomma con un'elevata capacità di assorbimento degli urti, utilizzata nell'anima delle racchette.

Fibra di vetro / Fibra di Vidrio: è il materiale per eccellenza usato nella fabbricazione delle racchette da Padel, anche se è meno utilizzato oggi. La sua flessibilità e leggerezza lo rendono molto utile per resistere all'impatto della palla. Le prestazioni migliorano se combinate con carbonio o grafite.

Foam: è una schiuma di polietilene espanso, una gomma utilizzata nella fabbricazione dell'anima delle racchette da Padel ed è un materiale più morbido della gomma E.V.A.

Globo: uno dei colpi più comuni nel Padel. Il suo scopo è quello di uscire da situazioni di gioco forzato costringendo l'avversario ad arretrare verso il fondo del campo, evitando così situazioni di attacco vicino alla rete.

Grafene: sono cristalli di carbonio in cui gli atomi sono disposti su un piano esagonale; è un materiale usato per la fabbricazione delle racchette.

Grip: è la parte utilizzata per tenere la racchetta. Essendo la parte a diretto contatto con la mano, il sudore e l'abrasione possono causare il deterioramento dell'impugnatura e la perdita delle sue proprietà nel tempo. In molti casi, una cattiva impugnatura può portare a qualche colpo mancato a causa di piccoli movimenti tra la racchetta e la mano.

Kevlar: è un tessuto ad alta resistenza utilizzato nel Padel per rinforzare vari elementi; la sua rigidità può talvolta rendere difficile la lavorazione.

Impugnatura: è il modo in cui si tiene la racchetta; a seconda di come si impugna la racchetta, si possono eseguire diversi tipi di colpi.

Impugnatura continentale: è una delle impugnature più versatili nel Padel, in quanto ci permette di eseguire tutti i tipi di colpi senza perdere tempo a cambiare impugnatura, il che facilita l'effetto di taglio spesso utilizzato nel Padel. Il modo più semplice per realizzare una tale presa della racchetta è immaginare di avere in mano un martello. Pertanto, la V formata tra l'indice e il pollice della mano che impugna la racchetta deve coincidere con il centro del pugno.

Let: è la ripetizione di una fase del gioco dovuta da uno dei motivi indicati nel Regolamento di Gioco della Federazione Spagnola di Padel.

Liftare: è un effetto trasmesso alla palla che la fa ruotare su sé stessa, determinando un maggiore rimbalzo o scivolamento sul muro.

Overgrip: è posizionato sopra l'impugnatura e consente una migliore regolazione e adattamento dell'impugnatura a diversi tipi di mani. Semplifica notevolmente la manutenzione dell'impugnatura grazie al cambio rapido.

Passing: è il colpo utilizzato per superare un avversario che si trova sotto la rete, tranne che per il globo.

Picky: è il raccattapalle, un tubo, solitamente di plastica, utilizzato per raccogliere le palle da terra durante le lezioni.

Posizione di attesa: è la posizione assunta in attesa di una palla dal campo opposto e viene quindi convertita nella posizione fondamentale di base, che rappresenta il momento precedente all'esecuzione del tiro. Distinguiamo tra:

- **Posizione di attesa difensiva**: ci mettiamo di fronte alla rete, con le ginocchia semi piegate, questo ci permetterà di reagire più velocemente alla palla, e il peso distribuito su entrambi i piedi. Con le parti esterne dei piedi leggermente piegate in avanti. Posizionare la racchetta davanti alla vita, afferrarla con la mano destra, sinistra per i mancini, e sostenerla nella parte centrale del corpo con l'altra mano. Tenere i gomiti vicini al corpo;
- **Posizione di attesa in attacco**: in questo caso la posizione di presa è molto più importante, poiché abbiamo meno tempo per reagire sotto la rete. In questo caso, la nostra posizione sarà praticamente la stessa della difesa, tranne che per il fatto che la racchetta sarà quasi all'altezza degli occhi, leggermente lontano dal corpo, e il centro di gravità sarà leggermente più alto.

Punto dolce: è un'area ideale per colpire la palla, dove la potenza e la sensibilità sono maggiori, migliorando anche la precisione.

Pugno o manico: è la parte della racchetta utilizzata per l'impugnatura; all'estremità c'è una cordicella che va indossata legata al polso.

Rete metallica: uno dei componenti di un campo di Padel. Si trova sui laterali, nella parte di fondo e nei laterali superiori. L'impatto della palla sulla rete non è uniforme, quindi la palla viene inviata in queste aree per confondere l'avversario.

Rimbalzo / Rebote: si verifica quando la palla colpisce le pareti o la rete metallica.

Regolamento: è un insieme di regole che regolano il gioco del Padel, dentro e fuori dal campo e si occupa di regolamentare colpi, incontri e struttura dei campi.

Risposta al servizio: è un colpo usato per restituire il servizio, proprio come nel tennis; di solito si tratta di un colpo globo o incrociato.

Smash: più comunemente noto in Italia come "schiacciata", è un colpo eseguito prendendo la pallina sopra la testa con un rapido movimento verso il basso. Può essere eseguito prima o dopo il rimbalzo della palla (in quest'ultimo caso si parla di "smash a rimbalzo"), a seconda dell'altezza della palla da colpire: più la palla scende dall'alto, maggiore è la difficoltà di coordinarsi per eseguire il tiro in modo efficace.

Superficie di contatto: è la parte della racchetta con cui dobbiamo colpire la palla, quindi questa sarà l'area che ci darà le maggiori sensazioni, necessarie per sviluppare un gioco di forma corretta. La superficie può essere piana, liscia, rigata o ruvida per dare maggiore impatto alla palla. Ogni racchetta presenta un certo numero di fori sulla superficie con un diametro compreso tra 9 e 13 mm.

Super Tie: è il Tie Break che sarà giocato con 10 punti invece dei classici 7 punti.

Telaio o testa: è la parte superiore che circonda la racchetta. Fornisce fermezza e resistenza; è necessaria per colpire la pallina, ma anche per i colpi sfortunati contro i muri.

Tie-break: è un sistema di punteggio che mira a risolvere il punteggio di parità quando le partite sono 6 a 6. Vince la prima coppia che raggiunge 7 punti con uno scarto di 2. In caso di parità a 7 punti, il gioco continua finché una coppia non riesce a raggiungere lo scarto di 2 punti.

Titanio: è un altro materiale utilizzato nel Padel per fornire forza e potenza senza aggiungere troppo peso alla racchetta. È un metallo derivato da tre minerali: rutilo, ilmenite e titanite. Nel Padel, può essere aggiunto alla racchetta sotto forma di polvere mescolata alla vernice.

Volée o colpo al volo: è un tiro effettuato vicino alla rete prima che la palla tocchi terra. Di solito si tratta di un colpo d'effetto che viene giocato in attacco, e come lo smash è un colpo di chiusura.

Vibora: è un colpo simile allo smash, per giocare una palla alta e ad effetto.

Appendice

Il codice di condotta

È vero, come in qualsiasi sport che si rispetti, anche il Padel ha il suo codice di condotta. È uno sport da gentiluomini, come potrebbe essere diversamente? Nello specifico la Federazione ha stilato regole da rispettare riguardanti la puntualità durante gli incontri, l'abbigliamento, l'identità dei giocatori, la condotta e la disciplina. Ritengo sia una parte del regolamento davvero interessante, e colgo l'occasione per citare alcune sue parti.

Fonte: Regole del Padel, edizione 2021 (A.U. n. 3 di marzo 2022)

TITOLO IV - CODICE DI CONDOTTA

– *Puntualità*

Le partite devono iniziare puntualmente all'orario previsto. Gli orari delle partite devono essere pubblicati con largo anticipo e il giocatore deve informarsi. L'ordine di gioco non deve essere modificato senza l'autorizzazione dell'arbitro.

– *Abbigliamento*

Un giocatore deve presentarsi per la partita con abbigliamento e calzature sportive adeguate, non sono ammesse magliette senza maniche o costumi da bagno. Se il giocatore ammonito non sostituisce l'abbigliamento sbagliato con l'abbigliamento prescritto, viene squalificato. Nelle competizioni a squadre si raccomanda che i giocatori indossino lo stesso abbigliamento, anche se non è obbligatorio. I giocatori possono utilizzare qualsiasi calzatura, abbigliamento e racchetta, purché siano conformi al regolamento. Nei tornei internazionali, la squadra arbitrale deve indossare un abbigliamento che ne consenta l'identificazione.

– *Identità*

I partecipanti a una gara devono dimostrare la propria identità, nazionalità, età e, in generale, qualsiasi altro requisito direttamente connesso alla gara, producendo i documenti appropriati su richiesta dell'arbitro.

– *Condotta e disciplina*

1. Tutti i giocatori devono comportarsi in modo educato e cortese in ogni momento della partita, rimanere in gara anche se non si partecipa, e rispettare tutte le persone che incontrano durante la competizione.
2. Gli allenatori, come i giocatori, devono comportarsi in modo appropriato e tenere conto che le sanzioni che gli arbitri possono comminare loro durante la partita si aggiungono a quelle che possono ricevere i giocatori.
3. Area di gioco: i giocatori non possono lasciare l'area di gioco durante la partita senza il permesso dell'arbitro, dove per "area di gioco" si intende il campo e le aree adiacenti.
4. Consigli e istruzioni: ogni coppia di giocatori può ricevere consigli e istruzioni da un allenatore debitamente autorizzato

durante il corso della partita, se ciò avviene durante un momento di sospensione della partita.

5. Premiazione: i giocatori o le squadre che giocano la finale di un torneo devono partecipare alla cerimonia di premiazione al termine della partita, a meno che non siano impossibilitati a farlo per infortunio, malattia o giusta causa.
6. Gioco continuo o ritardo di gioco: quando la partita inizia, il gioco deve essere continuo e non ci devono essere ritardi di gioco senza una giusta causa.
7. Oscenità udibili o visibili: per oscenità udibili si intende l'uso di parole comunemente conosciute e intese a esprimere maleducazione od offesa, pronunciate in modo chiaro e ad alta voce tanto da essere udite dall'arbitro, dagli spettatori o dagli organizzatori del torneo.
8. Le oscenità visive sono segni o gesti fatti con le mani, la racchetta o le palline che di solito sono osceni o ragionevolmente offensivi per gli esseri umani
9. Abuso della palla: i giocatori non devono mai lanciare la palla con violenza in nessuna direzione fuori dal campo di gioco o colpire con forza la palla dall'altra parte della rete quando non è in gioco.
10. Uso improprio della racchetta o dell'attrezzatura: i giocatori non devono deliberatamente lanciare la racchetta o sbatterla violentemente a terra o contro la rete, la sedia dell'arbitro, le pareti, le recinzioni metalliche o altri arredi sul campo.
11. Abuso o aggressione verbale e fisica: comportamenti, atteggiamenti e gesti aggressivi o antisportivi da parte dei giocatori, che sono particolarmente gravi se rivolti ad arbitro, avversari, compagni di squadra, spettatori o qualsiasi persona associata al torneo. L'abuso verbale è considerato offensivo,

così come qualsiasi espressione verbale che, senza essere considerata abusiva, ha il valore di disprezzo o di scherno nei confronti di un altro.

12. Sforzo massimo. Tutti i giocatori devono fare del loro meglio per vincere la partita in cui partecipano.

13. Comportamento antisportivo. I giocatori devono comportarsi sempre in modo sportivo, corretto, evitando qualsiasi azione contraria allo spirito dello sport o della competizione, oppure rispettando in generale le regole applicabili o il fair play.

14. Penalità - Tabella delle penalità. In caso di violazione di una qualsiasi delle disposizioni di cui sopra durante una partita, l'arbitro dell'evento imporrà le penalità elencate nella tabella delle sanzioni riportata di seguito. In deroga a ciò, le autorità di giustizia sportiva possono comminare altre eventuali sanzioni per lo stesso fatto, in conformità alle disposizioni del Regolamento di Correttezza.

15. Tabella delle sanzioni. Prima infrazione: ammonizione; seconda infrazione: ammonizione con perdita di un punto; terza infrazione: ammonizione con squalifica.

16. Le infrazioni commesse dai membri di una coppia e dal loro allenatore autorizzato sono cumulative.

17. Squalifica diretta. In caso d'infrazione molto grave (aggressione fisica o verbale molto grave), l'arbitro può ordinare l'immediata squalifica del giocatore o del membro dello staff tecnico che ha commesso l'infrazione. Se la squalifica riguarda un giocatore che sta giocando la partita, la partita viene annullata e il giocatore deve abbandonare l'evento. Se riguarda un allenatore, un capitano o un giocatore accreditato o iscritto alla competizione in corso, il giocatore squalificato deve abbandonare la competizione.

Ti voglio chiedere un piccolo gesto che per me significa davvero molto.

Se hai apprezzato questo libro ti chiedo se puoi lasciare una recensione positiva su Amazon, bastano davvero 2 minuti del tuo tempo e sarebbe un riconoscimento importante per me e per il mio lavoro.

Se hai qualche suggerimento per migliorare questo libro, qualche modifica da consigliarmi o qualche aspetto che non ti è piaciuto ti invito a scrivermi direttamente per email

(juliogarcialopezbook@gmail.com).

I tuoi importanti suggerimenti saranno sicuramente utili per aiutarmi a migliorare.

Grazie.

Julio Garcia Lopez

Taccuino delle partite

Questo taccuino è uno strumento molto utile creato apposta per te!

Portalo sempre con te e utilizza le pagine che seguono per annotare le statistiche delle tue partite.

In ogni pagina puoi inserire:

- Luogo e data della partita
- Nomi dei giocatori
- Risultati dei set e risultato finale
- Note e appunti della partita
- Disegno del campo dove puoi inserire la posizione dei 4 giocatori

Ti consiglio di utilizzare la parte delle 'note' per segnare i nuovi colpi che sperimenti, aggiungendo anche i miglioramenti che stai facendo o che devi ancora fare.

Se il taccuino ti piace ho realizzato anche un quaderno apposito molto simile a questo con contenuti extra; lo puoi trovare su Amazon nella sezione dei libri scritti da me.

Buon divertimento!

Data / / Luogo

Giocatori

VS

Risultati

Set 1 [ ] - [ ]

Set 2 [ ] - [ ]

Set 3 [ ] - [ ]

Risultato finale

[ ] - [ ]

Note

Data / /

Luogo

Giocatori

VS

Risultati

Set 1 -

Set 2 -

Set 3 -

Risultato finale

-

Note

Data / /   Luogo

Giocatori

VS

Risultati

Set 1 ☐ - ☐

Set 2 ☐ - ☐

Set 3 ☐ - ☐

Risultato finale

☐ - ☐

Note

Data / /

Luogo

Giocatori

VS

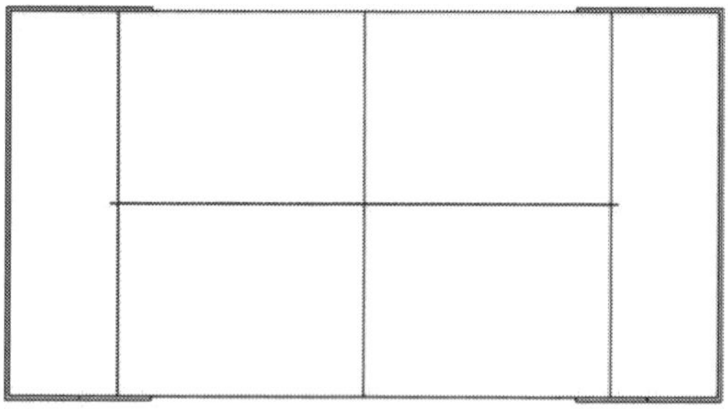

Risultati

Set 1 [ ] - [ ]

Set 2 [ ] - [ ]

Set 3 [ ] - [ ]

Risultato finale

[ ] - [ ]

Note

Data / / Luogo

Giocatori

Risultati

Set 1 [ ] - [ ]

Set 2 [ ] - [ ]

Set 3 [ ] - [ ]

Risultato finale

[ ] - [ ]

Note

Data / / Luogo

Giocatori

VS

Risultati

Set 1 ☐ - ☐

Set 2 ☐ - ☐

Set 3 ☐ - ☐

Risultato finale

☐ - ☐

Note

Data / /

Luogo

Giocatori

Risultati

Set 1 –

Set 2 –

Set 3 –

Risultato finale

–

Note

Data / /   Luogo

Giocatori

VS

Risultati

Set 1 ☐ – ☐

Set 2 ☐ – ☐

Set 3 ☐ – ☐

Risultato finale

☐ – ☐

Note

Data / /

Luogo

Giocatori

VS

Risultati

Set 1 -

Set 2 -

Set 3 -

Risultato finale

-

Note

Data / /

Luogo

Giocatori

VS

Risultati

Set 1 –

Set 2 –

Set 3 –

Risultato finale

–

Note

Data / / Luogo

Giocatori

VS

Risultati

Set 1 –

Set 2 –

Set 3 –

Risultato finale

–

Note

Data / /　　Luogo

Giocatori

VS

Risultati

Set 1 ☐ - ☐

Set 2 ☐ - ☐

Set 3 ☐ - ☐

Risultato finale

☐ - ☐

Note

Data / / Luogo

Giocatori

VS

Risultati

Set 1 [ ] - [ ]

Set 2 [ ] - [ ]

Set 3 [ ] - [ ]

Risultato finale

[ ] - [ ]

Note

Data / / Luogo

Giocatori

VS

Risultati

Set 1 [ ] - [ ]

Set 2 [ ] - [ ]

Set 3 [ ] - [ ]

Risultato finale

[ ] - [ ]

Note

Data / /

Luogo

Giocatori

VS

Risultati

Set 1 –

Set 2 –

Set 3 –

Risultato finale

–

Note

Data ___ / ___ / ___ Luogo ____________________

Giocatori

VS

______________________ ______________________

______________________ ______________________

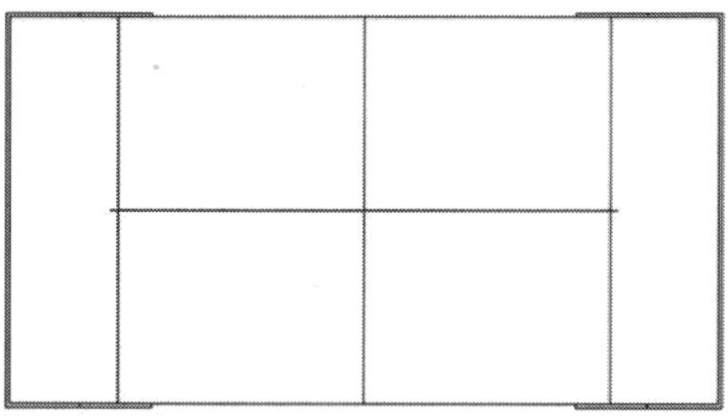

Risultati

Set 1 [ ] - [ ]

Set 2 [ ] - [ ]

Set 3 [ ] - [ ]

Risultato finale

[ ] - [ ]

Note

____

____

____

____

____

____

____

____

Data / / Luogo

Giocatori

VS

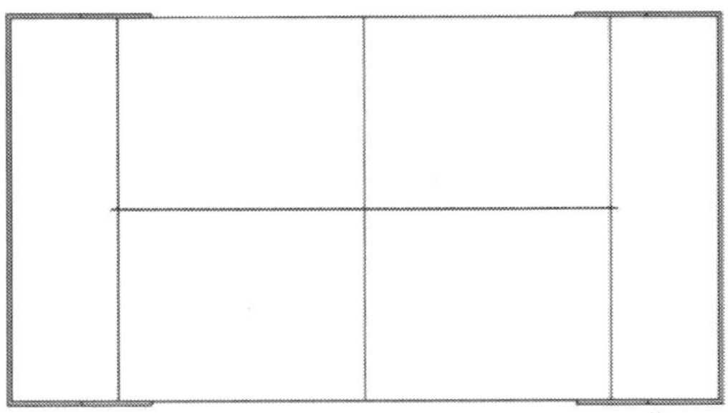

Risultati

Set 1 [ ] - [ ]

Set 2 [ ] - [ ]

Set 3 [ ] - [ ]

Risultato finale

[ ] - [ ]

Note

Data / / Luogo

Giocatori

VS

Risultati

Set 1 [ ] - [ ]

Set 2 [ ] - [ ]

Set 3 [ ] - [ ]

Risultato finale

[ ] - [ ]

Note

Data / /

Luogo

Giocatori

VS

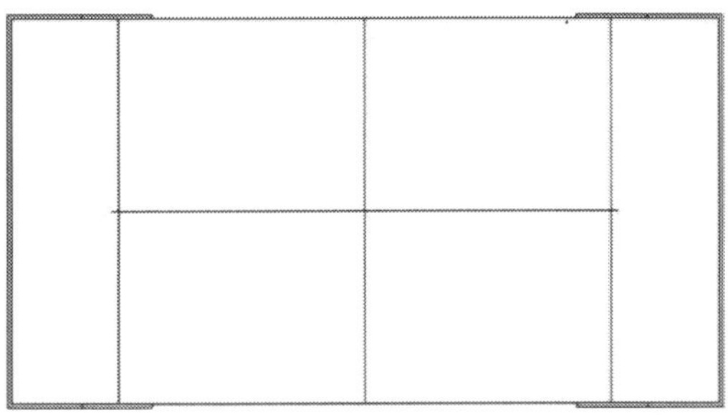

Risultati

Set 1 -

Set 2 -

Set 3 -

Risultato finale

-

Note

Data / /

Luogo

Giocatori

VS

Risultati

Set 1 –

Set 2 –

Set 3 –

Risultato finale

–

Note